Varia / Feltrinelli

Lorenzo Marone
Cara Napoli

Feltrinelli

Stampa Grafica Veneta S.p.A. di Trebaseleghe - PD

ISBN 978-88-07-49244-0

FSC
www.fsc.org
MISTO
Carta
da fonti gestite in
maniera responsabile
FSC® C021883

I "Granelli" sono stati in precedenza pubblicati su "la Repubblica" edizione di Napoli.
P.p. 7-30. © *Quaranta voci per Napoli*, a cura di Ottavio Ragone, "Quaderni del Circolo Rosselli", 1-2/2016, Direttore Valdo Spini, Pacini Editore, Pisa.
Pp. 109-111. *Un'anziana nobildonna*, "Vanity Fair", 15 febbraio 2017.
Pp. 113-114. La citazione è tratta da Lorenzo Marone, *Magari domani resto*, Feltrinelli, Milano 2017, p. 139.

www.feltrinellieditore.it
Libri in uscita, interviste, reading,
commenti e percorsi di lettura.
Aggiornamenti quotidiani

IL RAZZISMO
È UNA
BRUTTA STORIA.
razzismobruttastoria.net

Napoli ha continuato a dare molto all'Italia, all'Europa e al mondo: essa esporta a centinaia i suoi scienziati, i suoi intellettuali, i suoi ricercatori, i suoi artisti, i suoi cineasti... Con generosità, certo. Ma anche per necessità. Mentre non riceve nulla, o pochissimo, da fuori.

Fernand Braudel

Qualche anno fa mi venne chiesto di parlare di Napoli e dei suoi colori, un gioco divertente che mi permise di raccontare la mia città attraverso i suoi colori, appunto. In realtà i colori e la città sono due argomenti che si mescolano e si intrecciano, e non tanto perché Napoli è "mille culure", quanto perché entrambi sono strettamente correlati a una scelta. Perché Napoli *è* una scelta. Napoli si sceglie ogni giorno. E le scelte riguardano il nostro io più profondo, sono qualcosa di estremamente intimo, intoccabile.

I colori si amano ma, soprattutto, si scelgono. Anzi, per la verità sono una delle nostre prime scelte: il colore preferito ci accompagna da subito, sin dai primi gesti, quando la nostra manina vaga a mezz'aria sulla scatola dei pennarelli mentre l'occhio decide da quale di questi farsi rapire. C'è qualcosa di istintivo e ancestrale nella scelta di un colore, niente di razionale, quasi come se fosse lui a scegliere noi. Il mio colore preferito era l'azzurro, quello intenso dei pennarelli Carioca, che stringevo nel pugno chiuso con il quale tracciavo linee forti, decise, incancellabili, tutto quello che non sono diventato poi.

Ora che sono adulto (per la verità continuano a chiamarmi "giovane autore"), l'azzurro non è più il mio colore, adesso mi piacciono il beige e il marrone, colori di terra e sabbia, sfumature di Sud. E io sono un uomo del Sud, mi sento profondamente un uomo del Sud del mondo.

Quale sfumatura assocerei oggi alla mia città? Mi verrebbe da dire di nuovo l'azzurro, così da tornare ancora bambino, l'azzurro del mare e del cielo innanzitutto. Oppure potrei parlare del giallo del sole e del tufo, del rosso dei pomodorini del Piennolo che nascono sulle pendici del Vesuvio, del verde dei nostri parchi mai valorizzati. Ma nessuno di questi colori, in realtà, mi aiuterebbe a decifrare il mio pensiero su Napoli, a classificarla; nessun colore, da solo, può ambire a tanto. Perciò mi servirò di un colore che non sembra neanche un colore, ma un'alternanza, un miscuglio.

Sono nato a San Martino, in un palazzo scosceso sulla collina del Vomero, dal quale, per citare nuovamente l'amato Pino Daniele, "si vede tutta quanta la città". Perciò è da lì che partirà questo mio particolare viaggio alla ricerca del colore perfetto per raccontare una terra imperfetta, dal terrazzo della casa di papà, dal quale si gode un panorama che agguanta nelle sue ammalianti fauci Capomiseno e, più lontano ancora, Procida e Ischia, e poi Capri, che è proprio lì di fronte, la punta della Campanella, la Costiera sorrentina, il Vesuvio, che la notte si staglia imponente sotto la pallida luna che colora il cielo e, a pochi metri, Castel Sant'Elmo, dal quale i napoletani più anziani ricorderanno che, fino agli anni sessanta, alle dodici in punto veniva sparato un colpo di cannone udibile in tutta la città, di modo che si sapesse l'ora esatta.

Ma torniamo al terrazzo. Ebbene, sembra incredibile, ma da quassù ciò che spicca non è tanto l'azzurro del mare che sembra venirmi incontro, o il giallo del tufo dei castelli, no, c'è un altro colore preponderante che mi annebbia la vista ed è una macchia indistinta di grigio. Sì, proprio così, voglio parlare del grigio di Napoli!

In fondo qual è la tonalità più comune in natura? Dopo il verde, c'è il grigio, basti pensare alla roccia, alle pietre. Il grigio è il colore complementare di se stesso, considerato nell'accezione comune come un "bianco sporco". In realtà è un calderone nel quale si mischiano innanzitutto bianco e nero, due tinte che a me che scrivo non possono non piacere assai.

Ho usato a proposito il termine "miscuglio" (anche "assai", a dire il vero, perché mi fa sentire molto napoletano), credo sia la parola che più si addice alla mia città, che è un miscuglio di colori, di bianco e nero appunto, ma anche di stati d'animo, di personalità, di stili architettonici, un miscuglio di classi sociali e popoli, di sorrisi solari e facce da criminale, di sapori dolci e salati, pastiera e pizza, sfogliatella e ragù, musica antica e neomelodici, fede e scaramanzia, tradizione e rap.

Il grigio è un colore neutro, che in genere simboleggia la mediocrità, ma anche l'equilibrio degli opposti (e quale altro popolo al mondo è capace di camminare sul filo, quale popolo simboleggia meglio dei napoletani questo paradosso?), è una "desolata immobilità", come lo ha definito Kandinskij. Più di ogni altra cosa è il colore della pietra, come ho detto, venerata per millenni soprattutto dai celti, dai nativi d'America e dai giapponesi. E cosa c'è di più sacro della pietra? Nella pietra abbiamo scolpito le prime incisioni, con la pietra angolare abbiamo eretto le più immaginifiche costruzioni, dalla pietra abbiamo ricavato quel grigio che nella mia Napoli è ovunque.

Sono ancora sul terrazzo, ma è ora di scendere a rintracciare il colore di cui ho parlato. A tal proposito, io scrivo romanzi, invento storie, perciò non ho problemi a servirmi di qualche trucco narrativo per allontanarmi in volo da quassù. Per esempio, potrei afferrare la zampa di un gabbiano di passaggio e farmi trascinare da lui in giro sulla città, oppure gonfiare un palloncino e cavalcarlo sopra i vicoli, fino al mare. Potrei addirittura immaginare di essere una piccola pallina da ping pong che una racchettata troppo forte ha appena scaraventato oltre il parapetto. Sì, l'idea mi piace. Mi piace immaginarmi pallina che rotola fra le scale del Petraio, dove incontro subito il mio colore, proprio sotto i piedi (pardon, una pallina non può avere di certo i piedi), nei ciottoli del percorso che si apre un varco nella terra come fa un fiume che scende a valle. D'altronde, il nome "Petraio" deriva dal luogo dove le piogge alluvionali depositano i sassi, e il tracciato di Salita Petraio ricalca proprio il sentiero di uno dei tanti alvei funzionali del Vomero. Perciò, se ci passava l'acqua, posso passare anche io, che non scivolo, rotolo.

E proprio a furia di rotolare giungo, infine, sul corso Vittorio Emanuele, strada che può essere considerata a giusta ragione come la prima "tangenziale" di Napoli, un serpente di asfalto "grigio" che lambisce la collina del Vomero per più di quattro chilometri e unisce diversi quartieri. Ho usato la parola "asfalto" impropriamente, in realtà gran parte della carreggiata è ricoperta di sampietrini (i cazzimbocchi, se qualcuno non avesse capito), che sono quegli odiosi ciottoli "grigi" con i quali si pavimentano i centri storici e che alle prime piogge scoppiano come tanti popcorn.

Con non poca fatica giungo al centro. Qui di grigio ce n'è in abbondanza, non solo per terra, ma anche e soprattutto sui muri scrostati delle chiese e nei portali dei palazzi nobiliari. Il Castel Nuovo o Maschio Angioino, per esempio, lo storico castello medievale e rinascimentale che svetta nel salotto buono della città. Ero convinto che fosse composto da quattro torri, come gran parte dei castelli, invece sono cinque, ma tu guarda, cinque torri cilindriche di cui una in tufo giallo e le restanti quattro rivestite di piperno. Che sempre tufo è, anche se non è giallo, è grigio appunto.

Il napoletano ha un legame particolare con il tufo, ci cresciamo accanto, un rapporto così viscerale che quasi ci sembra assurdo che su al Nord a stento sappiano di cosa si parla. Noi il tufo lo conosciamo subito, da ragazzini, quando scendiamo per strada a giocare a calcio e, stanchi, ci appoggiamo al muro umido alle nostre spalle che si sgretola sotto le dita, costringendoci a pulirci distrattamente sui pantaloni. Lo conosciamo quando, ormai adolescenti, ci ritroviamo in una vecchia e stantia cantina per fare i primi esperimenti musicali con la nostra band. Lo conosciamo, infine, quando infiliamo il trapano nella parete di casa per appendere quella benedetta fotografia che nostra moglie ci sta pregando (è un eufemismo) di attaccare da un lustro. Il tufo è qualcosa di antico ma di vivo, è attorno a noi, come il mare, o come il Vesuvio, una cosa che sta lì da secoli, e gli si vuol bene, perché la sua presenza ci fa sentire a casa.

Il piperno è un tufo diverso, non quello giallo che abbiamo imparato a conoscere e amare, ma quello "grigio" flegreo. Tra i tufi campani, è il più importante e di gran lunga il più utilizzato. Per la sua conformazione è difficile estrarlo e c'è bisogno che sia diviso in grandi blocchi prima di essere lavorato, è questo che lo rende resistente agli agenti atmosferici, questo che lo ha fatto diventare così "famoso" fra gli architetti e i costruttori del passato, che lo hanno utilizzato in tutta la regione, fino ad arrivare in Puglia. Presente nei territori dove vi sono state le eruzioni, si ricavava in gran parte da Quarto, da Nocera Inferiore e, in particolare, dalle zone di Soccavo e Pianura, proprio alla base della collina dei Camaldoli. A Pianura, addirittura, l'estrazione del piperno è stata la causa per la quale, nel tredicesimo secolo, si è costruito un casale che ha dato il via al primo nucleo abitativo della zona. Pianura per secoli ha goduto di questa fiorente attività che portò benessere economico alla cittadinanza locale, anche se il tributo in vite umane fu numeroso, perché molti minatori persero la vita nelle cave. Qui l'estrazione del piperno è terminata nel dopoguerra e, dopo alcuni lavori di restauro, la cava è stata riaperta al pubblico, per poi essere chiusa di nuovo poco dopo, per pericoli di cadute.

Ma se volessimo seguire la strada del piperno potremmo

non uscire più dal centro di Napoli. All'interno del Castel Nuovo è presente una scala in piperno che conduce alla famosa Sala dei Baroni, così soprannominata perché proprio qui, nel 1487, furono invitati (con la scusa delle nozze della nipote), imprigionati e successivamente messi a morte alcuni dei baroni che congiurarono contro Ferrante I d'Aragona. Anche fuori dal castello, se ci mettessimo a rotolare senza una meta sicura, troveremmo tracce di piperno, di grigio, ovunque, nei cortili, nelle scalinate e nei portali di ogni palazzo nobiliare di Napoli; nella chiesa di Sant'Anna dei Lombardi, a un passo da via Toledo, che ha un arco in piperno; nel palazzo Como, al quartiere Pendino, rivestito interamente col piperno e ora sede del museo Filangieri; nel palazzo Orsini di Gravina (la facoltà di Architettura), a porta Capuana la facciata d'ingresso del parco Virgiliano; e poi la chiesa del Gesù Nuovo, che conserva le spoglie di Giuseppe Moscati, il celebre medico e santo che più di un secolo fa diceva frasi tanto illuminate: "Ricordatevi che non solo del corpo vi dovete occupare, ma delle anime gementi, che ricorrono a voi. Quanti dolori voi lenirete più facilmente con il consiglio, e scendendo allo spirito, anziché con le fredde prescrizioni da inviare al farmacista".

E già che ci troviamo in piazza del Gesù, non possiamo non sostare un attimo per parlare di questa chiesa e della storia della piazza, che si confonde e intreccia anche con la mia. Mi sono sposato nella chiesa di santa Chiara, eppure non mi sono mai fermato ad analizzare nel dettaglio ciò che mi circondava. La chiesa del Gesù Nuovo è stata costruita sulle macerie di palazzo Sanseverino, celebre per la magnificenza dei suoi interni, per gli affreschi, i giardini, e punto di riferimento per la cultura napoletana rinascimentale e barocca. Sotto il viceregno di don Pedro de Toledo (quello, per intenderci, che ha "costruito" via Toledo e i Quartieri Spagnoli), a metà del Cinquecento, ci fu il tentativo di introdurre l'Inquisizione spagnola a Napoli ma, per fortuna, il popolo si ribellò e con esso anche Ferrante Sanseverino. Il 12 maggio 1547 furono affisse alle porte del Duomo le nuove regole morali e religiose da seguire, ma un certo Tommaso Aniello da Sorrento (da non confondere con il ben più famoso Tommaso Aniello da Amalfi, il noto Masaniello che diede vita alla rivoluzione di cento anni dopo) stracciò e buttò via l'editto dinanzi a una folla di popolani. Il gesto gli costò la libertà, ma il popolo non accettò l'arresto dell'Aniello e insorse. Perché Napoli è una città silente, abulica, che spesso si fa i fatti suoi, indolente, ma quando arriva qualcuno da fuori che le vuole spiegare come vivere, allora si accende e sembra raccogliere l'energia del Vesuvio, come se anche il popolo avesse questo magma interiore pronto a esplodere e a diventare lava. Solo che la lava, si sa, presto si spegne, si raffredda e solidifica. Però resta lì, a memoria dell'impeto che è stato, e resiste al tempo. Proprio come le fugaci rivoluzioni di questo popolo bistrattato che nella storia più volte è insorto e si è fatto lava, che arde, sedimenta e, infine, resiste.

L'Inquisizione, per fortuna, fu evitata, ma Sanseverino fu costretto ad andare in esilio e l'edificio fu confiscato dagli spagnoli, che poi lo cedettero ai Gesuiti. La famosa facciata del palazzo divenne la facciata della chiesa come la conosciamo oggi, rivestita di bugne, che sono quelle piccole piramidi in piperno che all'epoca i tagliapietre napoletani incisero sui lati e che la tradizione interpreta come segni caratterizzanti le diverse squadre di lavoro che avevano preso parte all'opera. Siamo a Napoli, però, e qui alla storia tocca fare i conti con la leggenda, che è più affascinante e può essere modellata a proprio piacimento. Insomma, la leggenda vuole che chi fece edificare il palazzo (si dice sia stato Roberto Sanseverino) si fosse servito di maestri pipernieri a conoscenza di segreti esoterici tramandati di bocca in bocca nel corso dei secoli. Si riteneva, infatti, che alcuni di questi tagliatori fossero in grado di "caricare" di energia positiva la pietra. I segni ancora oggi presenti sulle bugne di piperno servivano così a convogliare le forze positive dall'esterno verso l'interno del palazzo. In realtà, si è poi detto, le pietre segnate non furono piazzate correttamente, e la magia ebbe un effetto inverso. D'altronde, il diavolo a Napoli è sempre dietro l'angolo, e si fa presto a passare dalla fede alla scaramanzia, dalla gioia alla disperazione. L'equilibrio è un qualcosa che non ci appartiene e che, diciamocela tutta, ce sta pure nu puculill' antipatico, perché rende la vita tutta uguale, piatta, "grigia" insomma.

A ogni modo, dicevo, il magnetismo benefico che si voleva indirizzare all'interno del palazzo si riversò per strada, attirando sul fabbricato ogni genere di sciagure. E di tragedie che colpirono il luogo ce ne sono state tante, a cominciare dalla confisca dei beni ai Sanseverino, la distruzione del palazzo, l'incendio della chiesa, i ripetuti crolli della cupola, e così via. La verità è che "chi cerca trova", e la storia è piena di avvenimenti tragici, senza che per questo si debbano chiamare in causa particolari artifici magici.

Quella partenopea è una scaramanzia un po' più complessa delle altre, io la chiamo "scaramanzia certificata", poiché di solito è accompagnata da una serie di argomentazioni più o meno scientifiche che servono a supportare il credo popolare. Perciò qui la superstizione attecchisce di più della fede, perché la seconda non ha grandi spiegazioni da dare e invita ad affidarsi, la prima invece (che sa bene che i napoletani si fidano solo di se stessi e di mammà) per supportare la sua inconsistenza ci riempie la capa di fesserie. Siamo un popolo di scaramantici che ha imparato a contare solo su se stesso e a dire un cuofano di bucie nel tentativo di ingannare il prossimo, il destino, dio e, talvolta, persino il diavolo!

Nel 2010, alcuni storici dell'arte e musicologi hanno identificato nelle lettere aramaiche presenti sulle bugne uno spartito musicale da leggersi da destra verso sinistra e dal basso verso l'alto: un concerto per strumenti a plettro della durata di tre quarti d'ora. La tesi è stata poi smentita da altri studiosi, anche se a me affascina molto; se mi devo bere le fesserie, almeno datemi la possibilità di scegliere qual è la fesseria che più mi aggrada!

E poi c'è un altro tipo di grigio a Napoli, quello dei muri, e non parlo delle antiche mura greche che delimitavano il centro e che oggi possiamo apprezzare soprattutto in piazza Bellini (quella volta che riusciamo a farci strada fra la gente, i motorini e le birre che giacciono vuote sull'asfalto come birilli caduti), parlo dei tanti muri che dividono e isolano. Parlo del grigio dei quartieri degradati e dimenticati, fatti di pareti che si alzano verso il cielo e si uniscono per dare vita a palazzoni fatiscenti dove la luce fatica a entrare e i colori scivolano via come su una superficie umida. Muri che delimitano rioni, zone, vite grigie.

Il muro suscita in me, in noi, sensazioni contrastanti. Con la sua forza, le fondamenta profonde, il muro può sostenerci nel momento del bisogno, ci fa sentire protetti, come da bambini, quando impariamo da subito a costruirci un fortino con i cuscini del divano. Se, però, crescendo, continuiamo a tirare su muri e a delimitare gli spazi attorno a noi, allora finiamo per non vedere più cosa c'è oltre, finiamo con l'aver paura di cosa c'è al di là, e in quel preciso istante ci stiamo condannando a innaffiare il terreno incolto del razzismo, che di quella paura dell'ignoto si nutre. Per questo ognuno di noi dovrebbe quanto prima buttare giù un po' di muri nella sua vita o, perlomeno, aprire un varco, una porticina che permetta di sbirciare fuori senza sentirsi smarriti, che consenta di andare alla scoperta del mondo senza rinunciare al proprio rifugio.

I muri grigi e sgarrupati di Napoli sono quelli che cingono piazze desolate e abbandonate, sono gli stessi che respingono i Super Santos calciati con rabbia da scugnizzi senza scuola, senza futuro. Sono i muri che delimitano le zone più degradate e pericolose, file di cubi di cemento armato che danno vita a rioni dai nomi alquanto fantasiosi, le Case dei Puffi, le Case Verdi (che in realtà si trovano a Caivano), le Vele, come se fossimo in una fiaba a colori, mentre qui, in realtà, di fiaba non è rimasto proprio nulla e di colore solo il grigio.

Napoli, però, sa sorprenderci anche con i suoi muri, sa ricostruirsi, rigenerarsi, modellare lo squallore per renderlo arte e colore. Napoli sa contrapporre ai suoi muri anonimi la fantasia, sa "mischiare" arte e profano, e attraverso i muri sgarrupati riesce a dare sfogo alla sua vitalità. Queste pareti tanto bistrattate ospitano numerose opere della Street art italiana e internazionale, artisti del calibro di Banksy, Ernest Pignon, Felice Pignataro. E allora userò un altro trucco narrativo e stavolta mi farò rondine, uccelli affascinanti che con i loro voli pindarici ci fanno sognare la libertà, per andare alla scoperta di questi muri trasformati in tele da chi proprio non si arrende al grigiore.

Non lo sapevo, ma le rondini non possono posarsi a terra perché pesano troppo e non sarebbero più in grado di rialzarsi in volo, e sono quindi costrette a sostare sempre su cavi, lampioni, balaustre. Ma la cosa più stramba è un'altra: le rondini, si sa, migrano, a settembre partono per il Sudafrica in cerca di un inverno mite. Eppure, anziché attraversare il Mediterraneo, come sarebbe ovvio, preferiscono fare il giro lungo e salire per i Pirenei per poi scendere per lo Stretto di Gibilterra, quindi superano il Sahara e raggiungono il Sud. Forse neanche più loro si fidano di questo nostro antico mare cantato da Omero e navigato da Ulisse, e oggi diventato improvvisamente teatro della più assurda, sanguinosa e truculenta Odissea che si ricordi.

In breve sono a Ponticelli, dove su una parete dello stabile adiacente alla chiesa dedicata ai santi Paolo e Pietro, c'è un murales di Agoch che si intitola *Tutti i bambini delle periferie*, e ritrae il primo piano di una bambina che con i suoi colori ravviva il rione e ricorda l'incendio del campo rom di alcuni anni fa. Jorit Agoch è uno dei più promettenti tra i Graffiti Artist della scena nazionale ed estera ed è, guarda un po', napoletano. Nasce a Napoli nel 1990, da madre olandese e padre napoletano, e si laurea all'Accademia di Belle Arti. Il tratto distintivo dei suoi ritratti è rappresentato da due "strisce" rosse sulle guance, elemento caratteristico di alcuni rituali africani, in particolare della procedura della "scarnificazione", un rito di passaggio dall'infanzia all'età adulta. Agoch considera le differenze di razza, sesso, religione e classe sociale trascurabili rispetto alle caratteristiche che rendono simili tutti gli esseri umani. Perciò raffigura sui muri delle città in giro per il mondo le persone del posto marchiate con le due strisce che le fanno entrare di diritto nella cosiddetta "Human tribe".

Io sono con lui. Anch'io faccio parte di una sola, grande tribù, quella umana. E sono con Vittorio Arrigoni, che diceva di non credere nei confini, nelle barriere e nelle bandiere perché apparteniamo tutti, indipendentemente dalle latitudini e dalle longitudini, a una stessa famiglia, la famiglia umana.

D'altronde, il grande poeta Gibran recitava questi versi: "Se ti sedessi su una nuvola, non vedresti la linea di confine tra una nazione e l'altra, né la linea di divisione tra una fattoria e l'altra. Peccato che tu non possa sedere su una nuvola".

Una delle più importanti opere di Agoch è il san Gennaro dipinto nella piazzetta di Forcella. Scendendo da Spaccanapoli ci appare di faccia l'immagine del santo patrono alta più di quindici metri, raffigurato con il viso di una persona qualunque, un giovane del popolo, perché San Gennaro è il santo del popolo. Sul volto bruno di Gennaro brillano l'oro e il rosso delle vesti che baluginano in mezzo al grigiore che ci attornia. Eppure, anche in questo caso c'è stato chi ha polemizzato facendo notare che il volto del santo assomiglia a quello di Nunzio Giuliano, noto esponente del clan camorristico di Forcella che si dissociò e per questo fu ucciso da due sicari nel 2005. In verità il volto di san Gennaro, come raccontato dall'artista, si rifà ai lineamenti di un carrozziere del rione, che di nome, guarda caso, fa proprio Gennaro.

Nei Quartieri Spagnoli, invece, c'è una mostra perenne a cielo aperto (grazie all'idea dei writers Cyop & Kaf e Roxy in the box) e fra l'imposta socchiusa di un basso e uno stendipanni agganciato a un muro sgualcito, sfilano le icone di star mondiali, cantanti, attrici, politici, scienziati: Amy Winehouse, Andy Warhol, Rita Levi Montalcini, Marina Abramović, Basquiat, e tanti altri. Stanno seduti, come il popolo che abita i bassi e si accomoda sulle seggiulelle a parlare di vita e a sorseggiare un caffè. A Materdei c'è un artista argentino, Francisco Bosoletti, che ha realizzato in soli tre giorni *Parthenope*, un grande affresco raffigurante la famosa sirena che ricopre l'intera facciata di un condominio di salita San Raffaele. L'opera è stata finanziata dai cittadini del rione che hanno voluto in tal modo far fiorire un po' di bellezza nelle loro strade, un pizzico di colore che servisse a contrastare il grigio del cemento armato.

Sono molto legato al nome Partenope, al mito che si confonde e intreccia con la storia, e a tutto ciò che riguarda la napoletanità, tanto che, se dovessi mai avere una figlia, ho detto a mia moglie che mi piacerebbe chiamarla proprio come la sirena della mia città, quella che i napoletani un tempo adoravano come una dea. Tra l'altro Partenope Marone sarebbe un connubio perfetto, considerato che anche Virgilio usò questo nome per le sue Odi.

Sono molte le leggende sulla sirena: si dice che morì nel golfo, nel punto esatto dove ora sorge Castel dell'Ovo, in mezzo al mare. Alcuni dicono che si suicidò per amore dopo un rifiuto di Ulisse; altre storie, invece, raccontano che fuggì con un greco su un'isola sconosciuta. Un altro mito parla di come la sirena affogò in mare per seguire il suono della cetra di Orfeo, che faceva parte della spedizione degli argonauti.

Partenope, inoltre, è definita anche la repubblica napoletana del 1799, esistita solo per pochi mesi grazie al coraggio e all'intraprendenza della classe borghese e intellettuale dell'epoca che, con l'aiuto dei francesi, si ribellò alla tirannia spagnola. Fra i tanti nomi che spiccano, dobbiamo ricordare Mario Pagano, Luisa Sanfelice, Eleonora di Pimentel Fonseca, Ignazio Ciaia, Domenico Cirillo, Francesco Caracciolo, Ettore Carafa, Gennaro Serra di Cassano. Una grande generazione di napoletani coraggiosi che diede vita a un breve sogno raccontato magistralmente da Enzo Striano con il suo *Il resto di niente*, romanzo sulla figura della Pimentel e sulla rivoluzione del novantanove appunto.

Insomma, come si può notare, non è cosa facile scrivere di Napoli, perché ti fermi a osservare un graffito a Materdei e finisci a parlare di storia, mito e letteratura. È la grande forza di questa città, far convivere il nuovo con il vecchio, l'arte con il gioco, il mito con la storia. Ma le sorprese che riservano i muri di Napoli non sono di certo finite, perché qui ogni parete abbandonata può diventare contenitore di storie, arte, amore, e letteratura. A Napoli abbiamo, anzi avevamo, due opere del più famoso *streeter* esistente: Banksy. Una si trova in piazza dei Gerolomini e raffigura una Madonna "grigia" con la pistola al posto dell'aureola, richiamo al sistema malavitoso napoletano, mentre l'altra si trovava in via Benedetto Croce ed era una rivisitazione della santa Teresa del Bernini ripresa in chiave consumistica. La santa, infatti, impugnava fra le mani patatine e Coca-Cola. Ebbene, qualche anno fa un ignoto writer nostrano decise di consegnare ai posteri il suo nuovo capolavoro e pensò bene di farlo ricoprendo e, quindi, cancellando per sempre dalla città e dalla storia, l'opera di Banksy. Ora, a parte il danno economico (il valore dell'opera si dice si aggirasse sui centomila euro), come può uno che fa graffiti inguacchiare, mi si perdoni il termine poco british, un'opera di Banksy? È come se io mi mettessi a scribacchiare appunti sul manoscritto originale dello *Zibaldone*. Il paragone può sembrare forte, ma uno che ama la Street art dovrebbe considerare Banksy alla stregua di un dio.

Meglio tornare ai muri. È che i muri napoletani racchiudono e conservano un'altra cosa preziosissima, che noi spesso nemmeno notiamo: parlo dell'amore, delle emozioni. Ho fatto una ricerca su internet e ho trascorso qualche giorno a cercare le scritte più interessanti sui muri dei palazzi in giro per la città. Certo, bisogna saper spulciare, occorre anche essere fortunati, ma alla fine ci si può imbattere in una frase, un atto di amore, una parola poetica, una speranza, una paura, un'emozione appunto. Quasi sempre queste scritte, storte, rosse o nere su sfondo "grigio" sono brutte a vedersi, spesso non hanno senso o sono errate, oppure sono politiche e piene di odio, poi, però, ti capita sotto gli occhi quella giusta, che ti fa sorridere perché pensi che allora c'è ancora qualcuno che vuole conservare uno spicchio di bellezza e condividerlo con gli altri. A tal proposito, ho appuntato qualche frase: "Il futuro non è scritto", che si trova lungo Spaccanapoli; sempre da quelle parti c'è la meravigliosa frase che contiene tutta la filosofia del vivere napoletana: "Nun t'avvelì", non ti avvilire. E poi: "Se amarti è un peccato, che Dio mi perdoni"; "E bacio ancora il tuo odore perché ora è il mio"; "Ci siamo voluti così tanto, ma ci siamo tenuti così male"; oppure questa, che trovo una perla: "Non hai mai fallito nel farmi sorridere"; "E se chist' nun è ammore, che viviamo a fare?"; "Ti inganni tra braccia sconosciute offendendoti nel profondo"; "Fra tutti i modi di essere felice, ho scelto te"; "E va bene finché ti vedo sorridere", anche questa una bellissima frase che campeggia nel Centro direzionale. Poi ci sono quelle un po' meno poetiche, che però rubano lo stesso lo sguardo e secondo me meritano una menzione: "Vogliamo il cocco ammunnato e buono"; "Non si scrive sui muri", classica ironia partenopea; "È semp' stata muglieret' a me chiammà!", così, giusto per fare chiarezza; "Ma che bel muro pulito!", scritta fotografata sulla facciata appena imbiancata di un palazzo di Posillipo. E poi la frase più semplice e bella, almeno per me, che su questa piccola parolina così potente ho scritto un romanzo: "Volevo solo essere felice".

Ma sono rondine, e mi viene d'istinto, a questo punto, puntare verso il mare, anche se, a dirla tutta, io i grandi stormi li ho visti sempre in piazza Municipio e in piazza Garibaldi. E allora, nel viaggio verso l'azzurro del mare, mi fermo per un attimo nel mezzo della nuova piazza Garibaldi, punto di approdo per il viaggiatore, "barriera grigia" che accoglie i turisti. Sosto sulla copertura da poco installata che funge da tetto a un sottopassaggio pieno di negozi, e do un'occhiata da quassù: il grigio è ovunque! A cominciare proprio dalla stazione, con il suo dominante color grigio fumo di Londra, per passare alle pareti, alle scale, fisse e mobili, alle strutture, ai rivestimenti, tubi, pavimenti, paletti, segnaletica, tutto è un trionfo di grigio, un omaggio al colore non colore. Il progetto definitivo prevede giardini e aiuole, ma per adesso, se voglio un po' di colore, devo puntare al mare. Che poi piazza Garibaldi ormai è un miscuglio di strade che s'intersecano, di inferriate che ti bloccano, di segnali che ti confondono, di strisce pedonali disposte a casaccio. I lavori hanno costretto a cambiare le zone attraversabili tante di quelle volte che alla fine si è persa la bussola, così sono rimaste indicazioni stradali dove non servono, strisce pedonali dove non passano auto, semafori che stanno lì, ricordo di un tempo che fu. Insomma, per superare la piazza l'unico modo è affidarsi alla sorte, cioè girare senza una direzione precisa. Non è così scontato, infatti, che se devi andare a destra ti convenga svoltare a destra, in alcuni casi potresti anche far prima buttandoti a sinistra. Lo so, è un putiferio, perciò il più delle volte si formano imbuti di auto che non lasciano via d'uscita, perché la gente, anziché guidare, si ferma per chiedere indicazioni che nessuno è più in grado di dare. Allora preferisco la metro, uno dei pochi mezzi pubblici che svolge appieno il proprio dovere, ti conduce in un posto in breve tempo e con pochi spiccioli. Gli altri suoi colleghi (taxi, tram e autobus), costretti ancora a transitare nella parte superiore della città, arrancano. Perché Napoli è così, c'è un sopra e un sotto, due metropoli in una. Solo che la parte di sopra è confusionaria, quella di sotto è molto più moderata e silenziosa. Perciò, per decidere da dove passare, se per sopra o per sotto, bisogna affidarsi allo stato d'animo. Se ti senti aperto alla vita, ai colori, al caos, se pensi che tutto abbia un senso anche quando in modo evidente sembra non essere così, se credi che l'uomo sia un essere sociale che ha bisogno degli altri per sopravvivere, anche quando questi altri ti camminano addosso, ti spingono o ti urlano in un orecchio, allora ti conviene passare per sopra. Se sei un solitario, taciturno, un po' ombroso, se non hai bisogno della luce, ma ti trovi a tuo agio nel sottobosco, nell'umidità, nel tufo, fra vecchi e spettrali corridoi di un tempo ormai dimenticato, allora ti conviene prendere la strada di sotto.

Più mi avvicino al lungomare e più sento venirmi incontro lo scirocco, e allora nel mio volo immaginario stavolta mi sa che conviene farmi gabbiano che sfrutta questo vecchio vento del Sud per raggiungere comodamente il mare. Davanti ho il Castel dell'Ovo e sotto di me sfila la Villa comunale, separata dall'acqua da una lingua di asfalto "grigio" che unisce Mergellina al centro di Napoli. Il mare, increspato dalla brezza, è spumato di bianco e macchiato dai colori delle tante barchette a vela che sfilano silenziose, puntando verso Posillipo. Non sono un politico, né un architetto o un urbanista, io scrivo storie, e per farlo ho bisogno di immaginare, mi devo far soccorrere dalla fantasia, che è sempre colorata. Nessuno immagina in bianco e nero. E allora mi piace fantasticare che sotto di me non ci siano tonnellate di scogli di un bianco sporco ma che esista ancora la spiaggia di un tempo, prima che la colmata di metà Ottocento la inghiottisse. Mi piacerebbe, seppure solo con la fantasia, restituire a Napoli la sua modesta spiaggia, i suoi bravi pescatori che issavano i gozzi e attorcigliavano le reti, gli scugnizzi che si rincorrevano a piedi nudi sulla sabbia, i poeti che la ammiravano e la cantavano, le massaie, i femminielli e i turisti che la vivevano.

La decisione di cambiare forma al lungomare di Napoli maturò a metà dell'Ottocento, ma le prime idee risalgono a molto tempo prima, addirittura al Cinquecento e a quel don Pedro de Toledo di cui ho parlato. È in quel periodo che la nuova cinta muraria è ampliata fino al litorale di Chiaia. Nel secolo successivo, poi, sorsero numerose osterie che contribuirono a tramutare Mergellina nella meta preferita dei napoletani durante la cosiddetta "stagione". Bisogna attendere un altro secolo ancora, però, per la Villa comunale, grazie a Ferdinando IV di Borbone, che affidò il progetto al Vanvitelli. A metà Ottocento si iniziò a parlare di risanamento dell'area del lungomare, con un progetto che prevedeva il riempimento della spiaggia con una colmata, l'ampliamento della Villa e la costruzione di nuovi edifici in via Partenope. Edifici che oggi sono fra i più belli e rinomati di Napoli, basti pensare all'Hotel Vesuvio, per costruire il quale, però, furono tombate le sorgenti e le fontane di acqua ferrosa, la cosiddetta acqua suffregna.

Sono nato nel settantaquattro, e la famosa acqua, che per secoli ha dissetato e rinfrescato i napoletani di qualsiasi classe sociale, è stata bandita nel settantatré a causa dell'ultima grande epidemia di colera in città. Perciò mi sono dovuto documentare per capire davvero cosa significasse quest'acqua per Napoli. L'acqua re' mummarelle la chiamavano anche, perché era raccolta e distribuita nelle mummare appunto, anfore in creta con doppi manici; oppure acqua zurfegna, acqua ferrata, acqua del Chiatamone, acqua libera, fredda, sulfurea e ferrosa, che sgorgava, e sgorga tuttora, in via Chiatamone, sotto il monte Echia, dove la leggenda vuole ci sia stato il primo insediamento cittadino. Ancora oggi, in via Riccardo Filangieri Candida, strada comunicante con via Acton e piazza Municipio, tra le mura perimetrali del Castel Nuovo e di Palazzo reale, si trovano quattro fontane dalle quali esce l'acqua delle mummare. Per comprendere l'importanza che ha avuto quest'acqua per Napoli basti pensare che quando Francischiello, ultimo re Borbone, andò esule a Parigi, chiese a un suo ministro di portargli un ricordo dell'amata Napoli. Questi, allora, ordinò a Vincenzo Gemito di modellare una statua che rappresentasse proprio l'acquaiolo scugnizzo con la mummera sotto il braccio.

La bontà e la fama di tale acqua fecero sì che ben presto nascessero moltissime "banche dell'acqua", dove l'acquaiolo la serviva liscia o accompagnata con uno spruzzo di limoni di Sorrento e un pizzico di bicarbonato di sodio. E non mi è difficile immaginare questi famosi bancarielli, né le voci di quegli uomini di un tempo che attiravano i clienti con il suono ripetuto dello spremiagrumi in ferro forgiato e attraverso le classiche urla di richiamo che ancora oggi si possono ascoltare in uno dei tanti mercatini rionali.

Bisogna ricordare che Napoli, durante tutto l'Ottocento, è stata colpita da continue epidemie di colera, perciò, in un'ottica di emergenza sanitaria e ambientale, c'era la necessità di bonificare i quartieri bassi, la zona portuale, Santa Lucia, Borgo Loreto, il Lavinaio. Per la realizzazione del secondo tratto del lungomare (via Partenope) furono utilizzate tonnellate di calcestruzzo costituito da calce della costa di Equa, pozzolana idraulica del Vesuvio e di Pozzuoli, pietrisco di scorie vulcaniche. Il muro perimetrale che serviva a contenere il mare fu subito danneggiato dalle continue mareggiate, perciò l'amministrazione ben presto fu costretta a installare le scogliere frangiflutti che, con il tempo, hanno poi raggiunto le dimensioni attuali che le fanno assomigliare a un'unica macchia che sporca il golfo.

Oggi si discute di come rivalutare e riqualificare la zona. C'è chi dice che sarebbe possibile restituire alla città il vecchio litorale di Chiaia servendosi di sedimenti ghiaioso-sabbiosi, tipici della costa di Maratea o di quella amalfitana, ghiaia grossolana che resisterebbe all'erosione del mare e alle forti burrasche. Altri hanno immaginato il Waterfront, un muro da ergersi sotto il livello della carreggiata che consentirebbe di passeggiare accanto all'acqua, un po' come accade per il Lungotevere insomma. L'amministrazione comunale ha stabilito (e chissà se si farà mai) che il secondo tratto del lungomare sarà pavimentato con la pietra lavica (i famosi basoli "grigio" scuro) attraverso un vero e proprio intervento di recupero storico dell'immagine antica della zona, prima della modifica corrente voluta dal regime fascista in occasione della visita di Hitler del trentotto.

Non so dove sia il giusto, se sia possibile eliminare la scogliera e ripristinare la spiaggia senza pericoli di mareggiate, so che mi piacerebbe che la mia città potesse godere del mare, in un connubio che risale alla notte dei tempi e che ormai sembra perdersi ogni giorno di più. So che mi piacerebbe avere una lunga e bella spiaggia pulita e tappezzata di ombrelloni colorati, come a Barcellona. So, però, che lì, per riqualificare la zona, si sono serviti dei finanziamenti per le olimpiadi del novantadue. A Napoli non credo avremo mai un'olimpiade, abbiamo avuto una Coppa America di vela e ancora ci portiamo dietro gli strascichi. A proposito, all'inizio le regate si sarebbero dovute svolgere nel golfo di Pozzuoli, davanti a Nisida e Bagnoli, luogo poi scartato a causa della famosa colmata. E non è a dir poco buffo che le barche abbiano veleggiato sul luogo di una colmata ben più imponente? Ma qui entro in discorsi difficili che non mi interessano, io sono gabbiano, e fluttuo veloce in cerca di un pesce sotto il pelo dell'acqua, che da quassù, con la luce del sole che la colora, appare come un immenso tappeto azzurro dipinto di coriandoli.

C'è un ultimo grigio del quale desidero parlare. Forse il grigio più grigio di tutti. Ma per farlo devo servirmi di una di queste barche a vela che sondano il mare e puntano capo Posillipo. Mi metto a prua e mi perdo ad ammirare il fondale tufaceo che rende cristallina l'acqua mentre supero la Gaiola e aggiro capo Posillipo per sbucare, infine, nel golfo di Pozzuoli, l'insenatura di circa sei chilometri racchiusa da un lato da capo Posillipo e dall'altro da capo Miseno. È qui che volevo arrivare, qui dove il grigio è di casa, dove il fondale scoglioso cede il posto a quello sabbioso e il tufo si lascia sopraffare dal cemento. Il tempo di affrontare un'onda e i colori mutano, come se fosse passata una nuvola a coprire il sole, e tutto si attenua, si ingrigisce, si arrabbia, proprio come il mare sotto di me, che sembra di pessimo umore e si fa del colore del ferro.

Già, del ferro. Aggiro faticosamente Nisida e raggiungo la riva, ai piedi dell'ex fabbrica dell'Italsider. A pochi passi i moli di cemento armato che sfregiano il mare, qualche barca adagiata sulla sabbia, altre ormeggiate all'ombra delle vecchie ciminiere. Sembra di sentire in bocca il sapore della ruggine, eppure qui la gente fa il bagno; ogni anno, nonostante il divieto di balneazione, al primo caldo un'umanità chiassosa si riversa su questa spiaggia scura, in questo regno del cemento e dell'amianto, del ferro e della ruggine. Un tempo, invece, c'erano le terme, prima i Greci e poi i Romani vi si stanziarono, riconoscendo al luogo proprietà magiche. E nel Medioevo si racconta che anche Federico II di Svevia abbia beneficiato di queste acque.

Il sole, nel frattempo, si sta ritirando dietro l'Epomeo, la grande montagna vulcanica di Ischia che svetta appena più in là di Procida, sulla linea dell'orizzonte di questo mare livido e rabbuiato. A qualche centinaio di metri ci sono i lidi balneari, che con luci soffuse e musica tentano di sostituirsi al mare e gli danno le spalle e, poco oltre, i tanti scheletri di ferro erosi dal tempo, che stanno lì da decenni a sfidare il vento e che al tramonto si tingono di sfumature rossastre. E poi c'è il vecchio pontile, che con i suoi novecento metri grigi di cemento armato taglia in due il mare ossidato e punta capo Miseno; un tempo serviva per lo scarico merci delle navi (soprattutto ferro e carbone), mentre ora è diventato un luogo panoramico dove la gente si ferma all'imbrunire per ammirare l'azzurro del cielo che evapora nel rosa, una tinta che solo da pochi anni si è intrufolata da queste parti. Prima c'era solo un cielo salmastro a far da tetto alle case che affacciano sul mare, le cui finestre restavano chiuse affinché la polvere di ferro non entrasse. Oggi su quello sfondo rosa la sera si adagiano i gabbiani con i loro strilli aciduli, un tempo, invece, il suono della sirena che scandiva i tempi di lavoro in fabbrica copriva ogni cosa.

L'Italsider ha spento definitivamente i forni nel novantatré. Pochi mesi dopo, l'allora giunta Bassolino presentò un documento d'indirizzo che prevedeva, tra le altre cose, il recupero delle aree dismesse di Bagnoli. Si immaginò un'immensa spiaggia liberata dai detriti e dai manufatti, un grande parco pubblico alle spalle, e tre fermate del nuovo tracciato della Cumana appositamente delineato. Eppure il primo progetto urbanistico di Bagnoli risale addirittura alla fine dell'Ottocento, grazie al grande architetto Lamont Young, che fantasticò di trasformare questo stupendo golfo in una piccola Venezia, con un canale che avrebbe collegato Bagnoli a Mergellina, e i cui materiali di risulta sarebbero serviti per costruire il rione Venezia, un nuovo quartiere a ridosso della collina di Posillipo. E con il primo progetto di una metropolitana che avrebbe unito Coroglio con il resto della città.

A proposito, ho scoperto che il termine deriva dalla parola dialettale "curuoglio", con la quale si indica il panno attorcigliato che si poneva un tempo sul capo per trasportare gli oggetti. Discesa di Coroglio era conosciuta in origine come "Rampa di Coroglio o dei tedeschi", a causa delle esplorazioni fatte da questi ultimi all'interno della grotta di Seiano, la quale, con il suo imponente traforo lungo più di settecento metri nelle viscere della collina tufacea di Posillipo, congiunge la piana di Bagnoli con il vallone della Gaiola e il parco archeologico Pausilypon. La grotta fu scavata in epoca romana e cadde in disuso per secoli, fino a quando Ferdinando II di Borbone la riportò alla luce. È un sorprendente capolavoro di architettura: costruita curva, per evitare il formarsi di forti correnti d'aria, ha numerose vie di fuga che sbucano a strapiombo sulla facciata ovest della montagna, postazioni dalle quali i Romani controllavano il mare dai pericolosi attacchi di navi nemiche. Secondo la leggenda, in uno di questi cunicoli restò incastrato Sir Arthur Conan Doyle, scrittore, medico e poeta scozzese, creatore del celeberrimo investigatore Sherlock Holmes. Durante la Seconda guerra mondiale la grotta fu utilizzata come rifugio antiaereo e negli anni cinquanta di nuovo abbandonata. Ha aperto definitivamente nel 2009.

In qualunque altra città del mondo un simile luogo sarebbe tra le mete più ambite dal turismo internazionale, qui, invece, a parte Pompei ed Ercolano, il Cristo velato e la Napoli sotterranea, siamo pieni di siti straordinari poco conosciuti e scarsamente pubblicizzati. Nella Baia Trentaremi (chiamata così perché tre tarem a settimana era la paga degli schiavi che costruirono il tunnel), all'interno del parco della Gaiola, qualche anno fa la Capitaneria di porto ha rinvenuto numerosi manufatti in cemento e amianto, con vecchie condotte fluviali e pluviali dismesse, rotte e abbandonate. Neanche un tunnel lungo quasi un chilometro è riuscito a proteggere la Napoli dei tempi antichi dalla nuova Napoli.

Ma torniamo a Young e alla sua piccola Venezia. L'architetto riuscì a farsi approvare il progetto, ma non riuscì mai a costituire una società che fosse in grado di portare a termine l'opera, che rimase pertanto solo una grande e spietata fantasia, come le intenzioni dell'amministrazione Bassolino. Purtroppo nella mia città l'immaginazione è fervida e la realtà zoppica, non riuscendo a starle quasi mai dietro. Quello che è successo in questi venticinque anni si perde nel "grigiore" della memoria, della politica, delle chiacchiere e della burocrazia, e non è materia di queste pagine.

Ho voluto che il mio viaggio, partito dalla collina del Vomero, toccasse terra qui, perché qui, come ho detto, c'è il grigio più grigio di tutti, in questo luogo che si veste a metafora tangibile delle potenzialità inespresse della mia, della nostra, amata e odiata città.

Mi sono servito di un solo colore per mostrarvi una città così sfaccettata, perché anche di un solo colore esistono tante gradazioni; basti pensare che sono circa seicento le tonalità di grigio riconosciute dall'occhio umano. La percezione di un colore è un fatto puramente soggettivo: i daltonici, per esempio, non conoscono il rosso, e gli eschimesi contano sette tipi diversi di bianco.

Più che i colori conta la luce.

È la luce a essere colore.

E a Napoli una cosa che proprio non manca è la luce.

Ma ci sono anche tante zone scure. L'auspicio, allora, è che questa luce che colora ogni giorno la mia terra possa farsi più forte e più alta, come il sole a mezzogiorno, che sa come asciugare le ombre.

E speriamo che la realtà non resti troppo indietro rispetto alla fantasia.

NORD & SUD

'O mariuolo 'ncuorpo

Un giorno tornavo in treno da Milano e accanto avevo una famiglia: padre, madre e due bambine di sei e otto anni, partiti da Firenze per trascorrere il lungo ponte dell'Immacolata a Napoli. Nulla di strano, a dicembre la città è un fiorire di appuntamenti e mostre da non perdere, iniziative che servono a rendere il Natale dei napoletani e dei numerosi turisti che sbarcano da noi più vivace, colorato e pieno. Penso alle camminate sul lungomare illuminato a festa, penso al classico passeggio fra i pastori di San Gregorio Armeno, a piazza del Plebiscito piena di bancarelle di artigianato, al profumo di sfogliatella che si aggira per i vicoli intorno a piazza San Domenico Maggiore. Perciò, durante il viaggio, mi sono prodigato per spiegare alla bella famigliola curiosa le tante cose da vedere, i musei e le proposte da non perdere.

Siamo giunti in stazione alle undici di sera e allora mi sono offerto di scortarli a un taxi. Per un attimo ho anche pensato di chiedere loro perché avessero deciso di arrivare così tardi, però poi ho desistito poiché mi sembrava un tantino autoaccusatorio, come se fosse da pazzi avventurarsi per Napoli a quell'ora. E poi erano così allegri ed emozionati, persino le bambine, che in treno non avevano staccato la testa dal finestrino nemmeno per un minuto, attente a scovare la sagoma scura del Vesuvio in lontananza, le sue gobbe che mi fanno sentire subito a casa.

Siamo scesi dal vagone e l'aria era frizzante, ma non fredda, un gruppo di ragazzi rideva, un paio di signori con dei cartelli fra le mani ripetevano senza sosta il nome dei loro clienti, un uomo di colore suonava il piano con due amici che gli sbadigliavano ai lati e qualche senzatetto dormiva in un angolo. Nulla di diverso da qualsiasi altra stazione nel mondo. Eppure avvertivo lo stesso una specie di ansia che ora chiamerei semplicemente senso di responsabilità. Sì, mi sentivo responsabile di quella famiglia ma, ancor di più, responsabile per la mia città. Lungo il percorso che ci ha condotto ai taxi, mi guardavo in giro circospetto, come mi capita di rado, per accertarmi che non vi fosse nulla di strano, nessun viso losco, nemmeno quei nuovi uomini in carriera che tentano di venderti un paio di calzini sempre con le solite battute e con un'insistenza che quasi si tramuta in violenza, o i tizi appostati ai piedi dei binari che ti domandano se ti serve un taxi, abusivo ovviamente.

Quando siamo arrivati alla fermata, sorridevo soddisfatto, anche perché abbiamo dovuto attendere solo pochi istanti prima che la sorridente famiglia fosse instradata verso una Multipla parcheggiata a qualche metro. Mi sono accertato che i quattro sistemassero i bagagli e prendessero posto in auto, li ho salutati calorosamente e ho riferito al conducente l'indirizzo del bed and breakfast. Loro non smettevano di ringraziarmi, di dirmi che ero stato gentilissimo e di sorridermi. Mi sono infilato nel mio taxi e mi sono fatto portare a casa domandandomi cosa fosse quella sensazione strana che mi sembrava di avere addosso; in fondo mi ero prodigato per la mia città, per far sentire una famiglia subito accolta.

Il fatto è che chi non ama questa terra (i tanti maleducati, gli scippatori, i menefreghisti), chi la sfrutta perché il prodotto Napoli tira sempre e comunque (ed è anche a buon mercato), ti obbliga a difenderla pure quando non ce n'è bisogno, ti costringe a fare sempre un sorriso in più, a sentirti responsabile per qualcosa che non hai commesso, a discolparti anche quando non sei accusato. Come se tenessi sempre o' mariuolo 'ncuorpo.

Già, ecco cos'era quella sensazione: 'o mariuolo 'ncuorpo.

La porta di casa accostata

Sapete a cosa pensavo? A quando qualcuno a Napoli ti invita a cena e ti fa trovare una bella tavola imbandita, e ti accoglie con tutte le attenzioni facendoti sentire uno di casa. Mi sono tornati alla mente i pranzi dagli amici, da ragazzo, quando era normale mangiare o dormire da uno o dall'altro. Ti sedevi e la mamma di turno iniziava a rimpinzarti di roba, e prendi questo, prova qua, e sì tropp' sciupato, e il crocchè della nonna proprio non puoi non assaggiarlo, si offende, e solo un po' di parmigiana di melanzane, e poi il dolce, e no, mangi troppo poco, ma tua madre non dice niente? I genitori e le nonne dei compagni diventavano per un po' i tuoi, e ti sentivi a casa, appunto, accolto e benvoluto.

Un po' come accadeva, come accade, nei bar che frequentiamo quotidianamente nei nostri quartieri, un saluto con il titolare, una chiacchiera, un abbraccio, a volte nemmeno paghi e lasci in conto, e via, ci vediamo domani, per un nuovo appuntamento, un cappuccino e una discussione veloce sul Napoli. Ci si sente a casa in questi posti, come se fossero i nostri salotti sparsi per le vie della città, approdi a cui giungere per ritrovare quella sensazione di essere ben accetto e trattato con tutti i riguardi. Ce l'abbiamo nel DNA l'ospitalità, l'attenzione per il prossimo, anche per chi non conosciamo, e penso al caffè sospeso, o penso allo stadio, quando "l'estraneo" di turno, alla fine del primo tempo, caccia una scafarea di frittata di maccheroni preparata con amore dalla moglie o dalla mamma e con un sorriso ti chiede se ne vuoi un po'. I gesti di accoglienza ci vengono naturali, come appoggiare una mano sulla spalla dell'altro mentre chiacchieriamo, toccare in continuazione l'interlocutore per sentirlo vicino, per fargli capire che gli vogliamo bene o che, in ogni caso, gliene potremmo volere. Abbiamo moltissimi difetti, però non conosciamo la diffidenza, non portiamo maschere e non sappiamo cosa sia la boria (parlo in termini generici, ovvio), socializziamo e scherziamo con tutti, siamo una delle poche popolazioni al mondo a farci un baffo della stratificazione sociale, il nobile aristocratico vive nel palazzo insieme ai ceti più poveri, il notaio la mattina mangia un cornetto sotto casa mentre conversa amabilmente di calcio con il parcheggiatore abusivo. Siamo pieni di difetti, ma traspiriamo accoglienza in ogni nostra abitudine, forse perché addestrati da sempre a far spazio, perché siamo in troppi e c'amma stringere, perché la storia ci ha insegnato a ricevere i popoli più che a combatterli, ché tanto ne respingi uno e la volta dopo ne arriva un altro, insomma, sappiamo come vivere tutti insieme e non è un problema allungare la tavola, e se c'è da ospitare a dormire l'amico di nostro figlio, be', in qualche modo ci arrangiamo, tanto il nonno sono più le volte che s'addorme sulla poltrona che nel suo letto. Crediamo nel libero arbitrio noi, convinti che ognuno possa fare quello che vuole, ognuno campa come crede e perciò non ci fossilizziamo se uno è nero, giallo, cattolico o musulmano, femminiello o filibustiere, no, noi abbracciamo e accogliamo, e non ci importa nemmeno di restare delusi, ché abbiamo un rapporto particolare anche con la delusione, che frequenta questa terra spesso e che, però, proprio non riesce ad attecchire, perché siamo un "popolo che aspetta sempre la ciorta". Abbiamo un modo tutto nostro di credere nel futuro, di sperare che ci porti qualcosa di buono, non temiamo perciò l'ignoto, né tantomeno il diverso, figuriamoci se potremmo mai essere razzisti, noi che il razzismo lo subiamo senza neanche prendercela troppo.

In questo nuovo mondo che ci sovrasta e ci fa sentire estranei a casa nostra, che spazza ogni giorno un po' di umanità dal pianeta, non posso non ritenermi fortunato a essere nato a Napoli, terra di conquista per tutti, certo, ma anche terra che conquista, perché, salvo sporadici casi, hanno imparato più da noi gli invasori che il contrario. Chi viene qua capisce subito che o si adatta a vivere a modo nostro, ad amare dunque l'anarchia, il caos, a stare uno in cuollo all'altro, tutti insieme, il buono e il cattivo, il ricco e il povero, o peggio per lui.

Noi accogliamo tutti, e tutti diventano come noi, i cingalesi, gli africani, i balcanici, ognuno qui trova quasi sempre una mano tesa, un posto a tavola, e una nonna con una parmigiana di melanzane pronta.

Altro che porti chiusi, a Napoli anche la porta di casa rimane sempre accostata.

Andateci cuonci con i botti

La mezzanotte del 31 dicembre a Napoli riporta con il pensiero alla Seconda guerra mondiale. Per la verità il bombardamento inizia alcuni minuti prima, perché il napoletano ha un preciso scopo da portare a termine: "mettersi a' copp", prevalere, cioè, sul vicinato nella fantomatica guerriglia urbana dei botti. In tal senso alcuni, nel tentativo di anticipare i rivali, salgono sui tetti verso le ventitré, così da liberare gli ordigni allo scoccare esatto del nuovo anno. Può accadere, però, che il fragile equilibrio si frantumi nel caso qualche furbetto anticipi il lancio della prima granata, e a quel punto la competizione ha inizio e tutti danno fuoco alle polveri, cosicché quando poi giunge l'ora prestabilita molti hanno già terminato di sparare. Molti, ma non tutti. C'è anche chi ha tanti di quei fuochi da poter andare avanti per giorni. E, infatti, alle due, mentre la città si riversa per le strade colme di mortaretti, qualcuno è ancora fuori su un balcone a sparare e semmai imprecare perché non può scendere: c'è da consumare l'intero arsenale.

Abbiamo imparato a essere prudenti quella notte, a guardare dove mettiamo i piedi, per non essere costretti a festeggiare all'ospedale. Che poi, io so bene cosa significhi finirci il primo dell'anno, perché una volta un amico si ferì lievemente al volto e fummo costretti a scendere sotto i bombardamenti. Il problema è che la sua auto si trovava a due isolati di distanza, ragion per cui dovemmo correre per cinquecento metri rasente i muri, con il giubbino sulla testa e la schiena curva, che se qualcuno avesse ripreso la scena l'avrebbe tranquillamente potuta rivendere ai media spacciandola per l'istantanea di un conflitto mediorientale. Arrivati all'auto, le complicazioni non erano finite poiché trovammo il blocco al volante. Ricordate quel disco rosso di ferro che pesava un quintale e occupava l'intero sedile di dietro e che per estrarlo occorrevano sette, otto minuti?

Bene, immaginate adesso cosa significhi provare a togliere quel coso infernale sotto un bombardamento.

Una volta risolto il problema, ci mettemmo finalmente in moto, ma non fu affatto facile, ricordo che dovevo guidare a zigzag per contrastare il fuoco nemico dai balconi. A un certo punto trovammo pure un cassonetto della spazzatura in mezzo alla carreggiata e per decidere a chi dei due toccasse spostarlo, facemmo una breve morra cinese. Beata incoscienza giovanile! Eravamo pronti a ripartire quando ci affiancò una coppia, lei urlava e lui aveva la mano avvolta in un panno da cucina inzuppato di sangue. Ci supplicarono di accompagnarli al pronto soccorso e li caricammo in auto. Trecento metri dopo ci imbattemmo in una madre che urlava in mezzo alla strada intimandoci l'alt mentre il figlio adolescente, con un braccio fasciato, si teneva in disparte. "Fatelo per carità cristiana," disse la donna, e non potemmo che prendere anche loro con noi. Al terzo stop non avevamo più posti liberi, ma le vittime, due ragazzi della mia età, per fortuna riuscirono a saltare su un'altra macchina che, fra un soccorso e l'altro, tentava anch'essa di raggiungere il Cardarelli.

È che qui, si sa, ci sappiamo organizzare, abituati da sempre a far fronte alle tragedie.

Qui una cosa che proprio non manca è la solidarietà.

L'odissea, però, non era finita. Al pronto soccorso c'erano feriti ovunque e barelle in ogni angolo, un putiferio, con i dottori che non sapevano da dove iniziare. Al mio fianco un uomo di mezza età, con la camicia imbrattata di sangue scuro e raggrumato e una flebo in vena, si lamentava guardandosi il dito indice mezzo spappolato della mano destra alla quale già mancavano anulare e mignolo. Nonostante ciò, la moglie, in piedi al suo fianco, imprecava in dialetto stretto perché, a suo dire, per il secondo anno di seguito era costretta a trascorrere la notte di San Silvestro all'ospedale, e perché al marito non era bastato perdere due dita per imparare la lezione. In un biennio il genio ci aveva rimesso tre dita; ancora un capodanno e avrebbe fatto strike.

Insomma, non fu proprio una bella esperienza, sembrava di trovarsi in un ospedale da campo, e a distanza di tanto tempo ancora ricordo ogni dettaglio.

Il racconto, come forse avrete capito, l'ho un po' enfatizzato, d'altronde inventare è il mio mestiere. Però la storiella dell'uomo che inseguiva meticolosamente lo strike è vera.

Ancora oggi mi chiedo se alla fine ci sia riuscito.

Le lucciole tra i veleni

È notte, e il bosco sta riposando quando tra la sterpaglia,
d'improvviso, si fa largo un grosso autoarticolato le cui ruote
affondano quasi per metà nel fango. Il gigante venuto dal
Nord procede con i fari spenti, una sagoma oscura che taglia
in due la selva, scortato dalle tante lucciole che hanno deciso
di incontrarsi in questo bosco perché l'aria sembra pulita e
non ci sono occhi indiscreti a spiare il loro armonioso gioco
di luci a intermittenza. Anche l'autoarticolato viene qui per
lo stesso motivo, perché non ci sono occhi indiscreti.

Il camion attraversa l'intero boschetto e raggiunge il
campo limitrofo prima di fermarsi. Le migliaia di lucciole
danzano davanti ai fari bui del gigante di ferro, attorno ai
suoi finestrini socchiusi e lungo i fianchi, e poi si inoltrano
verso i margini del rigagnolo che si incunea come un serpente nel cuore della terra, o fra le foglie dei tanti cavolfiori che
germogliano rigogliosi a qualche decina di metri. Uno spettacolo meraviglioso, un trionfo della natura e della vita. Eppure non ci sono occhi a osservare tanta magnificenza, se
non quelli dei due autisti che, però, nemmeno si guardano
intorno mentre compiono sempre le solite operazioni: uno
saltella giù dall'abitacolo e si dirige verso il portellone poste-
riore affondando gli scarponi nel fango; il compagno alla
guida, invece, infila la retromarcia e punta verso una grossa

buca nel terreno a una decina di metri, quindi spegne il motore e scende giù anche lui mentre il bestione finalmente si affloscia con un lungo sospiro.

Non ci dovrebbe essere un autoarticolato qui, non ci sono strade per accoglierlo, né asfalto per indirizzarlo; è pieno solo di alberi, sterpaglia, cespugli, campi di broccoli e cavolfiori, lucciole e aria buona. Tuttavia i due indossano mascherine, occhiali da lavoro e guanti per montare la pedana che serve a far scivolare i fusti nella fossa.

Mentre i barili rotolano a uno a uno nel buco che li ospiterà chissà per quanto tempo, le lucciole, come infastidite, si spostano lentamente verso i margini del campo, o all'interno del bosco, dove il loro amore non è turbato da quel rumore metallico che spezza la quiete. Forse gli insetti hanno capito che non è poi così romantico accoppiarsi accanto a fusti carichi di amianto, colle liquefatte, fanghi tossici, ceneri pesanti e scorie. Perciò in breve i due uomini si ritrovano al buio e sono costretti ad accendere una torcia per terminare il lavoro. Solo dopo risalgono a bordo del camion e accendono il motore; il bestione sussulta e si solleva sulle grosse ruote, quindi si allontana cigolante dalla radura, lasciando dietro di sé solo due copiose impronte a testimonianza del passaggio. Pochi minuti, e le lucciole tornano a impossessarsi del vuoto lasciato dal gigante di ferro. La natura riprende a pulsare di vita.

Fra qualche giorno la pioggia cancellerà anche le tracce dei copertoni, cosicché il lungo viaggio da Nord a Sud sarà come se non fosse mai avvenuto. E domani le lucciole torneranno di nuovo qui, amanti inconsapevoli, a illuminare ancora il campo, i bordi del ruscello, i rami del bosco e gli ultimi cavolfiori che riposano pazienti, in attesa di una mano che li strappi alla terra.

Amore e pazienza per campare

C'è una piccola storia che mi ha raccontato un amico. Insieme alla compagna sono soliti affittare una stanza della loro meravigliosa casa (a un passo dal Duomo e da via dei Tribunali) ai turisti che desiderano immergersi appieno nel ventre della città, nel clima napoletano. Molti alla fine non vorrebbero più andarsene e lasciano biglietti carichi di amore, qualcuno, invece, resta più freddino di fronte al caos danzante che offrono le strade e il popolo. Pochi, infine, pur volendo, proprio non ce la fanno ad abbandonarsi al flusso delle cose che qui scorre, bisogna dirlo, senza una direzione precisa, e perciò restano sulle loro, in parte allibiti dalle nostre strane abitudini, dai nostri orari, dalla capacità innata che abbiamo di affrontare problemi e ingiustizie, disordine e sopraffazione con una semplice alzata di spalle.

Una sera nella "casa di quei due" (così c'è scritto sulla targhetta accanto alla porta) arriva un'infermiera americana sulla cinquantina. Loro la accolgono con il solito sorriso e le consegnano le chiavi, fra le quali c'è quella del portone, un vecchio mastodontico portale del Quattrocento racchiuso dal solito enorme arco di piperno che fa da ingresso a tutti i nobili palazzi del centro.

"Deve solo fare un po' di gioco, girare la chiave e spingere contemporaneamente," le dicono, e l'americana non capisce.

Allora lui l'accompagna giù e le mostra come aprire: infila la chiave, rapido movimento del polso a simulare il giro, una, due volte, mentre con il ginocchio destro preme leggermente sul portone, che infine cede. La donna lo guarda spaesata, ciononostante afferra le chiavi e prova. Niente.

"Ci vuole un po' di pazienza," commenta lui, ma la signora di pazienza non sembra averne. Ritenta più volte, alla fine si volta con faccia stralunata e dice: "Nothing, I can not…".

"Immagini di star facendo un prelievo, di dover cercare la vena, usi la stessa gentilezza…" ribatte allora lui, ma l'infermiera nemmeno si gira.

Proprio in quel momento dal palazzo sbuca una ragazza sui trenta. "Barbara, vuoi far vedere alla signora come si apre il portone per favore?" "È facile, un piccolo calcio, ma no calcio eh, una spintarellina leggera con il piede, e poi deve muovere lentamente il polso finché non sente lo stacco." Apre e se ne va. La turista si guarda intorno disorientata mentre le saracinesche dei negozi rotolano giù una dopo l'altra e sul marciapiede non restano che loro due e un cane, uno del quartiere dicono, che si aggira spesso da queste parti perché innamorato di una cagnetta del quarto piano. Dopo altri dieci inutili minuti di tentativi, il palazzo rigurgita un altro condomino. "'On Cì, volete mostrare alla signora come si apre il portone?"

"Il portone? E che ce vò, signò, guardate, dovete fare piano, aiutarlo. Sapete com'è, quello è antico, è viecchio, e con gli anziani s'adda avé pacienza, si deve essere amorevoli."

La donna nemmeno capisce e resta a fissare le grosse mani di don Ciro che trafficano intorno alla serratura. Pochi istanti e il classico clic li avverte dell'apertura. "Avete visto? È questione di abitudine. E di amore. Ci dovete mettere amore, lo dovete accarezzare il portone, comme se foss' 'nu caro amico, e lui s'arap'. Se vi innervosite, cà rimanete!"

I lampioni ormai illuminano fiochi i basoli di tufo umidi e

dalle finestre aperte giungono i rumori della cucina, piatti e stoviglie. I napoletani cenano, la signora, invece, resiste, caparbia. Non capisce che non si tratta di una guerra, che qui le cose le ottieni se le chiedi con cortesia, non se ti metti di traverso. Che i diritti a Napoli non sono mai diritti assoluti, e che gli altri li puoi conquistare più con un sorriso che alzando la voce. Qui se attraversi sulle strisce e l'auto si ferma, sollevi comunque la mano per ringraziare, perché siamo gentili e non ci piace quella certa tracotanza di chi sa di trovarsi nel giusto.

Dopo un'altra mezz'ora di prove, il mio amico, stufo, decide di salire a casa, apre il portone e scompare nell'androne. Sulla strada resta solo un'americana frenetica che tenta di scuotere con una certa isteria il pomello di un antico portone, con accanto un cane innamorato che sembra guardarla con noia.

Ce vò ammore e pacienza, le griderebbe la vecchietta dal palazzo di fronte, se ne avesse la forza.

Amore e pazienza.

Così ci siamo imparati a campare.

IERI & OGGI

Una città senza più ironia

Le celebrazioni per i cinquant'anni dalla morte di Totò mi hanno invogliato a tornare a godere di una delle sue fantastiche pellicole, stavolta, però, dall'inizio alla fine. Già, perché con il "Principe della risata" spesso va così: lo becchi cambiando canale e guardi il film da quel punto, ché tanto la trama la conosci a memoria, come le battute, che però continuano a farti ridere.

Ma non voglio scrivere su Totò, voglio, invece, parlare di Napoli attraverso Totò, di quella magnifica città che usciva dalle sue commedie e da quelle dei suoi colleghi degli anni cinquanta e sessanta. Una metropoli che appariva austera, nobiliare e popolare allo stesso tempo (come, in effetti, è), ricca di personaggi semplicotti e divertenti, di persone perbene e mariuncelli dal cuore in fondo buono. La Napoli che ci raccontavano Totò, De Sica, la Loren ed Eduardo, un luogo dove tutto sembrava più facile e anche i problemi grandi si affrontavano con il solito spirito, pacienza e sopportazione, sorrisi e carità.

La Napoli che poi in parte abbiamo ritrovato in quelli che sono venuti dopo e l'hanno presa in prestito, nel grande cinema di Troisi, ma anche in Luciano De Crescenzo, artisti che hanno raccontato con garbo e ironia un luogo forse diverso da quello degli anni sessanta, ma permeato dello stesso spirito, quel saper affrontare il vivere quotidiano e le difficoltà con il sorriso sulle labbra, ricorrendo a una battuta e all'allegria che da sempre contraddistingue questo popolo, incapace di stare troppo tempo fermo a riflettere sui propri guai.

E allora mi chiedo dove sia finita quella città che ci mostravano i suoi più grandi figli, dove è finita la vitalità che ci aiuta da sempre a tirare avanti, cosa ne è stato di quel modo sagace di raccontare Napoli che ci faceva credere che, in fondo, fosse un posto ricco di cose buone, che la vita stessa fosse piena di cose buone, qualcosa di semplice dove bastava una battuta a mettere a tacere i brutti pensieri. Dove è finita l'arte del buonumore tipica di queste parti, la forza di non prendere troppo sul serio la vita, perché tanto lei con te ci scherza senza nemmeno che tu te ne accorga. Dove si è nascosto quel riso velato di malinconia che trovavamo sui volti di Eduardo, di Totò e di Troisi, l'appocundria gentile che conosciamo così bene e che sappiamo tenere a bada in un solo modo, con ironia e accettazione, col chest'è. Dove sono quei volti disillusi e mai usurpati dall'esistenza, come lo sono, invece, gli sguardi che oggi la rappresentano.

Io non credo che Napoli sia cambiata molto da allora, anche in quegli anni era vittima delle stesse cose, della criminalità, della povertà dei vicoli, della maleducazione e della strafottenza, delle difficoltà di ognuno, del tirare a campare. È cambiato il modo di raccontarla, però, e con esso è cambiata la percezione che ne hanno le persone che non sono di qui. Questa città, che da sempre ha insegnato all'Italia a ridere, anzi a sorridere di sé e delle proprie sventure, da qualche anno sembra aver dimenticato l'allegria, la finta spensieratezza con la quale dissimulava i suoi occhi stanchi, sembra essersi, chissà per colpa di chi, volutamente sfilata di dosso i panni del commediante per farsi arcigna, nera e cattiva.

Oggi Napoli la si descrive soprattutto tramite *Gomorra*, con quelle facce violente che non possono rappresentare e identificare una metropoli talmente variegata. Oggi nessuno sembra aver voglia di tornare a parlarci di una città che sa farsi beffe di sé, nessuno più è capace di svelarci la piccola quotidianità di un luogo intriso di male e poesia che così bene raccontavano le generazioni passate. Oggi ci vogliono far credere che quella Napoli non esista più.

"Ma mi faccia il piacere," avrebbe detto il nostro Principe.

Quei due nella città di un tempo

Grazie a un'amica mi sono imbattuto in una bella foto napoletana, presumibilmente degli anni sessanta. C'è una coppia: lui con i pantaloni di velluto a coste, maglioncino leggero e scarpe con un po' di tacco, lei che, invece, indossa gli stivali, una gonna larga sopra il ginocchio, una camicetta e un gilet. Sono avvinghiati in un abbraccio, uno di quegli abbracci che te ne accorgi anche cinquant'anni dopo che sono veri, autentici, belli da morire. I due se ne stanno lì, ad amarsi in mezzo alla strada, il viso di lui piantato nell'incavo della spalla di lei, che guarda davanti a sé con un abbozzo di pace in faccia. Si fanno sostenere da una vecchia auto ammaccata che porta la targa nera, come si usava un tempo, con quel "NA" grande che ti faceva sentire a casa appena giunto in tangenziale.

Dietro questa nuvola di amore, c'è lei, Napoli, la città di allora che, in fondo, è la stessa di oggi, almeno nei dettagli. C'è una strada tagliata in due da un raggio di sole, un palazzo con l'intonaco sbucciato e il tufo vivo da fuori, ci sono tre saracinesche di magazzini tirate giù. E poi, accanto a questo palazzo consunto, ce n'è un altro nobiliare, di piperno, con un bel portale e balconcini in marmo dai quali pendono lenzuola bianche che svettano nel grigio della foto. Sullo sfondo si scorge una Renault 4 posteggiata di smerzo sul marciapiede.

È domenica, ho pensato subito guardando l'immagine, forse il primo fine settimana di aprile, a metà degli anni sessanta, io nascerò fra un decennio e i miei, con ogni probabilità, ancora si devono incontrare. Perché quei due ragazzi mi hanno fatto pensare proprio a loro, ai miei genitori, che nelle foto in bianco e nero degli anni settanta avevano pose simili, sguardi simili. Così mi sono perso a fantasticare sull'attimo successivo allo scatto, sulla storia che la foto non può raccontare. Mi piace pensare che il fotografo si sia messo a ridere perché i due non volevano saperne di staccarsi, e poi ho visto lui che afferrava la mano di lei per condurla al mare. Li ho visti passeggiare lungo via Toledo tappezzata di tendoni con i quali i commercianti proteggevano le vetrine dal sole, e li ho seguiti mentre attraversavano piazza del Plebiscito invasa dalle auto. Lei ha allungato il braccio attorno ai fianchi del compagno mentre un vecchio filobus Alfa Romeo mille, verniciato con doppia tonalità di verde e con gli interni in legno, è sfilato sferragliando con tre ragazzini appesi dietro che fingevano di surfare con le gambe penzoloni nell'aria.

E poi, finalmente, i due sono arrivati sul lungomare, e lui l'ha trascinata vicino a un carretto dove si vendeva l'acqua suffregna, l'acqua del Chiatamone, come l'hanno sempre chiamata i napoletani. L'acquaiolo ha tracimato l'acqua dalle mummare in un bel bicchiere nel quale ha poi spremuto il succo di un limone e ha aggiunto un cucchiaino di bicarbonato di sodio. Lei ha allungato la mano sorridendo e si è messa a sorseggiare la bevanda fresca accanto al suo innamorato, mentre guardavano il sole che colava piano, come lava, dalle pendici del Vesuvio, libero e imponente al di là del mare blu sul quale veleggiavano i gabbiani.

Che bella domenica, avrà pensato lei mentre si innamorava un po' di più del suo uomo. Che bella foto, ho pensato io, mentre mi innamoravo della mia vecchia città, quella in bianco e nero che ogni tanto mi balza davanti agli occhi e mi ruba il respiro.

Chissà se la coppia ha resistito al tempo, se quel giorno è stato solo l'inizio di un lungo viaggio. Chissà se per Napoli oggi si aggirano i figli di quell'amore scolorito. Chissà quanti altri amori, quante giornate simili, ha visto e accolto la città. E chissà quante storie ancora conservano gli spigoli dei nostri palazzi dove, una domenica qualsiasi di tanto tempo fa, hanno sostato, per giocare ad amarsi, i nostri genitori.

Scusate se è poco

Sono nato a metà degli anni settanta, forse il periodo più bello nel quale formarsi; anni di lotte, di grandi ideali, di rivoluzioni e libertà, anni di amore e arte, manifestazioni e concerti. E così, anche senza viverla davvero, se non marginalmente, ho subito il fascino di quell'epoca e, come me, molti miei coetanei.

Dobbiamo allora ringraziare voi sessantenni e settantenni di oggi perché siete riusciti a trasmetterci gran parte delle splendide emozioni che avete vissuto, le passioni che avete provato, le esperienze che vi hanno cambiato. Grazie a voi ho imparato ad amare il cinema di allora, mi sono perso per le strade di Manhattan con Woody Allen, mi sono innamorato di Dustin Hoffman, dei Doors e dei Led Zeppelin, e quasi ho provato un pizzico di invidia quando mi imbattevo nelle vostre foto in bianco e nero dove sembravate tutti uguali, con i capelli lunghi, le barbe folte, le fasce in testa e i jeans a zampa d'elefante, quasi mi sembrava di essere uno di voi, presente in una delle tante riunioni nelle quali parlavate di politica o di come dar vita a una nuova radio libera in un vecchio stanzone invaso dal fumo delle Internazionali senza filtro, mentre da un giradischi in un angolo (anche di lui ci avete fatto innamorare) arrivava la voce di *Contessa*.

Siete riusciti a trasferirci gran parte di quel mondo, di

quelle suggestioni. Già, gran parte, ma non tutto, perché qualcosa, ahimè, deve essersi persa per strada, ed è proprio l'idea più grande, quella che faceva girare tutto: il sogno di cambiarlo davvero, questo mondo. Sono rimasti intatti l'amore per i Rolling Stones e per Berlinguer, ma la voglia che avevate di provarci sì è dissolta con la vostra gioventù.

Oggi guardo mio figlio e mi chiedo come farò a trasmettergli quel sogno che a me è già arrivato diluito, mi chiedo se sarò in grado di fornirgli esempi come avete fatto voi, se i miei modelli saranno sufficienti e all'altezza dei vostri. Ma so che, in ogni caso, dovrò essere autentico, altrimenti si accorgerà del bluff.

E allora gli parlerò del mio mondo a ritroso, vada come vada: degli anni novanta, di Kurt Cobain e del Muro di Berlino, di Falcone e di Pertini, di Vasco e di piazza Tienanmen, e della Pantera, che a me sembrava una rivoluzione grande quanto la vostra. E, ancora più indietro, gli racconterò di quegli anni sfarzosi nei quali noi quarantenni abbiamo vissuto la nostra infanzia, dei Playmobil e del Subbuteo, di *E.T.*, dei *Goonies* e di *Indiana Jones*, di come Doc e Marty per primi mi fecero immaginare il mio futuro e di come sarebbe stato diverso dalla realtà, perché, purtroppo o per fortuna, è sempre diverso da come lo avevamo immaginato. Gli parlerò dell'amore per i Depeche Mode e per David Bowie, e di quella voglia di suoni ricercati e di melodia che ci fece accantonare per un po' le chitarre elettriche, delle prime sitcom, di Michael Jackson e Paolo Rossi, di Chernobyl e Maradona, cercherò di fargli sentire, lui che ha centinaia di canali a tema fra cui scegliere, la gioia che provavo nello scovare un cartone animato su un'emittente regionale. Gli racconterò di Boris Becker e di Mario Bros, di Stephen King e del Super Tele, fino ad arrivare al sabato sera con i nonni che volevano guardare *Fantastico* e io che, invece, sognavo di rivedere per l'ennesima volta *Lo chiamavano Trinità*.

Non so, invece, se riuscirò a trasmettergli quella vecchia idea rivoluzionaria, ma fa niente, un giorno capirà che le emozioni vere si annidano nei ricordi, nella vita vissuta, non in quella raccontata. E, allora, può darsi che un domani mi chiederà chi era quel grosso signore che prendeva a cazzotti la gente.

Si chiamava Bud Spencer, gli risponderò, e ha fatto parte della mia infanzia. Della nostra epoca.

E scusate se è poco.

Cosa resterà di quegli anni ottanta

Luigi Necco non l'ho conosciuto di persona, ma è come se l'avessi fatto, perché il suo faccione sempre allegro fa parte della mia infanzia, il suo bel sorriso, i modi educati e la garbata ironia bucavano lo schermo ed entravano nelle nostre case.

La mia infanzia sono gli anni ottanta. Dicono non siano stati anni di spessore, di certo non hanno la valenza politica, letteraria, storica del decennio precedente, pervaso dai grandi cambiamenti, dalle rivoluzioni, gli anni di piombo, dove però fra tumulti e paure la voglia di rendere il mondo più giusto era dilagante. No, gli anni ottanta, forse proprio in risposta alla "pesantezza" precedente, sono stati anni di disimpegno, nei quali arriva nelle case la "piccola" televisione privata con i suoi varietà volgari e la comicità semplice, anni nei quali l'intrattenimento si fa sempre più intrattenimento, a danno delle idee e dell'istruzione. Gli anni, insomma, nei quali si gettano le basi per il medioevo culturale che oggi sembra aver raggiunto il suo apice.

Eppure, non credo sia tutto da buttare. Sarà che ero un bambino e il mio sguardo per forza di cose limitato e ingenuo mi fuorviava, ma io lo ricordo come un periodo romantico, pieno di cose belle, di speranza soprattutto, di allegria. E lo so che non è vero, non è possibile, l'allegria non è una cosa che se ne sta lì, immobile, ma è una specie di vento che un giorno spira e l'altro no, eppure la sensazione è quella di un'epoca serena un po' per tutti. Si chiama nostalgia e spesso distorce le cose, ce le fa apparire migliori di come erano. Se guardiamo alla Napoli di allora, ci accorgiamo del disastro in cui versavamo: la camorra, divisa fra cutoliani e vecchi camorristi, faceva morti ammazzati ogni giorno, l'urbanistica non ne parliamo, piazza del Plebiscito era un parcheggio, non c'era la metro, se non al Vomero, per collegare piazza Vanvitelli a piazza Medaglie d'oro. C'erano ancora, però, le ideologie, c'erano i partiti, c'erano, soprattutto, alcuni grandi uomini politici. C'era la voglia di stare insieme. Gli ottanta sono stati l'ultimo decennio di vera condivisione, prima dell'uragano tecnologico che ha spazzato tutto; i ragazzini trascorrevano i pomeriggi sotto il palazzo a giocare a pallone, a Un-due-tre stella, a fare la Campana, a saltare e correre tutti insieme, senza distinzioni sociali, dalla mattina alla sera, per tornare a casa sporchi e spossati. E se guardiamo alle immagini di oggi, di questi nostri ragazzi stravaccati sui divani ognuno con il suo smartphone in mano, be', c'è di che rammaricarsi, c'è da lasciarsi andare allo sconforto. Chi all'epoca pensava che quegli anni fossero il male, che la "superficialità" e il "pop" ci stessero portando alla deriva, non poteva immaginare certo che un domani li avrebbe addirittura rimpianti. Io, l'ho detto, ero piccolo, io li rimpiango per quello che mi hanno donato, per il Subbuteo e per il biliardino, per le figurine e il Super Santos, per Lupo Alberto e *Quelli della notte*, per i Doemi e *Colpo Grosso*, per la schedina e Maradona, che potevi guardare solo allo stadio, per Ciotti e Ameri, e per *Novantesimo Minuto*, dove c'era lui, il grande Necco, passato alla storia (nonostante la sua cultura spaziasse su molteplici argomenti e interessi) per quelle tre dita mostrate in diretta a segno di sfottò nei confronti di Milano, del Milan, che all'epoca non era solo una magnifica squadra, ma rappresentava già quello che sarebbe diventato poi il calcio, il business, la grande impresa, il potente Nord che con l'organizzazione, il lavoro e il denaro vince.

E ha vinto, di certo. Ha vinto quel Milan, ha vinto l'idea berlusconiana che tutto sia show, ha vinto la televisione di intrattenimento, la comicità fatta di slogan e poche idee, la volgarità, ha vinto la tecnologia sullo stare insieme.

"Cosa resterà degli anni ottanta?" cantava Raf. Per quel che mi riguarda, di sicuro il bel faccione sorridente di Luigi Necco, che con solo tre dita rimandò al mittente tutto questo.

Ciao Luigi, rubo l'idea a Maradona, il re incontrastato di quei nostri anni romantici, e ti saluto come facevi sempre tu, con un semplice gesto della mano.

Una forma di poesia

In quella famosa domenica di fine novembre dell'ottanta avevo sei anni. Alle diciannove e trentaquattro, quando la terra iniziò a tremare, mi trovavo cavalcioni su un triciclo a forma di ape che aveva le antenne che si libravano nell'aria, le ali di seta e un bel sorriso dipinto sul volto giallo. Ricordo che pensai di non sentirmi bene mentre la stanza mi ruotava attorno; d'altronde, chi aveva mai avuto a che fare con un terremoto. Eravamo a casa di amici e in televisione i grandi guardavano Paolo Valenti condurre *Novantesimo minuto*, in attesa di vedere finalmente i gol del Napoli.

Di calcio all'epoca mi occupavo poco, eppure quel faccione simpatico alla tv non lo dimentico perché, quando tutto iniziò a girare, mi voltai d'istinto proprio verso quell'uomo che stava parlando agli adulti, anche se il suo viso sparì dallo schermo l'attimo seguente, sostituito dalla classica matassa di puntini grigi e neri che compariva in assenza di segnale.

Ecco, io, di quel momento tragico, che per la precisione durò un'infinità, qualcosa come novanta secondi, non porto con me la stanza che girava, la paura di cadere dal triciclo o lo choc per le urla dei grandi, no, porto quella televisione che smette all'improvviso di parlare di calcio e di ricordarci che è domenica, una giornata di festa e serenità, porto il fruscio dello schermo, l'abbaio incessante di un cane che chissà da quanto si era accorto che la sua e le nostre vite stavano per cambiare, e lo stridio delle pareti che resistevano, mentre uno sbuffo di polvere cadeva dal soffitto.

E proprio mentre fissavo a bocca aperta l'intonaco venire giù, con le mani ancorate al manubrio della mia ape sorridente, arrivò mio padre, il quale mi afferrò per un braccio e mi tirò a sé, e poi arrivarono mamma e tutti gli altri. Dei successivi ottanta secondi non ho grandi ricordi, mi sembra che ci riparammo sotto una porta e restammo ad attendere che passasse, un'attesa infinita. Invece, per fortuna, anche gli attimi più terribili alla fine vanno via e in men che non si dica eravamo sul pianerottolo, insieme alle altre famiglie che urlavano mentre affrontavano le scale. Non ho mai più visto tanta gente correre, tutto il condominio era lì, a piangere e a fuggire. E giù fu ancora peggio: palazzi svuotati di colpo, persone in mutande, in pantofole, in pigiama, che singhiozzavano, urlavano, si guardavano attorno smarrite.

Ci riparammo su una scalinata e lì restammo per non so quanto. Faceva freddo e noi bambini non avevamo neanche il giubbino, perciò bastò uno sguardo delle madri affinché tutti i padri tornassero indietro, negli edifici instabili, a recuperare qualcosa di caldo con cui affrontare la lunga notte. Già, la lunga notte. La trascorremmo nella Cinquecento di mio zio, e non so chi ci fosse accanto a me oltre a mia madre. So che, passato il grande spavento, la cosa iniziò ad affascinarmi e a sembrarmi divertente. Trascorrere la notte in auto era divertente, guardare i grandi che accendevano il fuoco all'aperto era divertente, tutta quella gente per strada di notte era divertente.

In realtà, allora non potevo capirlo, non ero divertito, ero sedotto, incuriosito e affascinato dal comportamento strano degli adulti. Ognuno si prodigava per dare una mano, per aiutare gli altri, ognuno era pronto a fare la sua parte. Stavo imparando a conoscere la solidarietà, che è la caratteristica forse più nobile degli esseri umani.

Da quella notte, quando mi scopro impotente davanti alle immagini in tv di un nuovo paese distrutto, non guardo le macerie di una chiesa o la disperazione di un sopravvissuto in primo piano, bensì mi concentro sullo sfondo, dove c'è sempre qualcuno che si sta dando da fare per aiutare il prossimo, e così riassaporo l'antica sensazione di sicurezza provata quella sera, il convincimento che, con il sostegno degli altri, alla fine se ne viene fuori.

Solidarietà si chiama, ed è una forma di poesia.

Ricomincio da te

Sono ventiquattro anni che è venuto a mancare Massimo Troisi, un quarto di secolo. Io avevo vent'anni, e ricordo che piansi davanti alla tv, come mai più mi è accaduto per un personaggio pubblico, come era accaduto invece ai miei per Berlinguer.

Altri tempi quelli, di idee forti che ti guidavano nella vita, di uomini capaci di farsi ascoltare, ammirare, seguire, rispettare, ricordare. Tempi in cui la politica era una cosa seria, sentita. Tempi per cui, a pensarci oggi, non si può non provare un'incredibile nostalgia, tristezza e soprattutto sconforto.

Quando morì Berlinguer avevo dieci anni, eppure ricordo il grande funerale, ricordo quei giorni vissuti in silenzio, rispettoso del lutto che si percepiva in famiglia, come se si trattasse proprio di uno di noi. Non capivo fino in fondo, ma osservavo il dolore negli occhi dei miei genitori, dolore che io vissi dieci anni dopo, quando morì Massimo.

Sì, lo chiamo con il nome di battesimo, come facciamo tutti noi napoletani, perché lo sento come uno di famiglia, un fratello maggiore o uno zio andato via troppo presto. Capisco che il raffronto con il leader del Partito comunista possa sembrare poco intonato, ma non è così, perché Massimo per la mia generazione è stato uno di quegli uomini lì, alla Berlinguer, capace di farsi ascoltare, seguire, ammirare, anche se ovviamente lui non parlava di ideologie e progetti, semplicemente raccontava la vita attraverso le piccole cose, regalandoci il suo sguardo, il suo stare al mondo "leggero", con quel sorriso incerto e malinconico che subito ti conquistava e nel quale ti identificavi. Non aveva nulla da spiegare a nessuno, Massimo; nessuna verità da impartire, né sulla vita, né su questa città che vogliono sempre e per forza catalogare.

E allora immagino come si sarebbe trovato quest'anima bella e gentile in un mondo così diverso dal suo, in quest'era tecnologica. Come si sarebbe mosso all'interno di una società sempre più fomentata dall'odio, dal razzismo, dall'ignoranza, dall'urlo, dalla prevaricazione, lui che invece sussurrava le sue piccole verità, lui che mai si è dovuto servire di un grido per farsi ascoltare. Immagino la sua difficoltà ad avere a che fare con i social (lui schivo e timido), dove si vomitano giudizi sugli altri celandosi dietro a un monitor, dove tutti hanno un'opinione su tutto, dalle questioni politiche al calcio, persino sulla Costituzione nascono fior di esperti dalla sera alla mattina.

Lui che diceva di non credere in quelli che affermano di sapere ogni cosa si sarebbe sentito soffocare e, forse, si sarebbe anche arrabbiato. No, non era da Massimo arrabbiarsi o, quantomeno, non lo avrebbe dato a vedere, tutt'al più avrebbe trovato un modo garbato per analizzare e denunciare la deriva culturale di questo paese, deriva alla quale sembra non esserci fine né rimedio. Forse in qualche video girato con il telefonino (che sarebbe diventato virale) avrebbe demolito con una battuta delle sue la presunta onniscienza di questo popolo, ci avrebbe fatto ridere con qualche mitica osservazione su Salvini, lui che ebbe appena il tempo di divertirsi a prendere in giro la Lega.

In un'intervista forse ci avrebbe spiegato, con la sua pacata ironia, con il suo sguardo sempre assorto, che questa epoca che corre a mille all'ora faticava a capirla. In un nuovo film avrebbe puntato l'attenzione sulla questione dei migranti, sulla disumanità sempre più latente, chissà, oppure avrebbe continuato a raccontarci le piccole vite, le piccole cose, l'individuo, per raccontare la vita in generale. Avrebbe di certo proseguito a parlare di Napoli senza parlarne, senza metterla volutamente al centro, semplicemente offrendoci il suo sguardo, che era quello di un napoletano intelligente, sensibile, ironico, garbato, profondo, autentico, fragile.

Lo sguardo di un uomo da ammirare, da seguire, da rispettare, da ricordare.

Come (forse) non ce ne sono più.

Le nostre migrazioni

Questa storia parla di uomini e di viaggi. Parla di Antonio e Samir, che hanno viaggiato e vissuto in epoche diverse eppure così simili.

Samir, nella mia fantasia, è un ragazzo di colore ricoverato all'ospedale Loreto Mare con le gambe recise, uno dei tanti disperati che partono ogni giorno dalle coste africane, uno di quelli che chissà da dove vengono (ma in fin dei conti poco importa), forse da un paesino sperduto nei pressi di Asmara o, forse, dal Sudan, che dovrebbe trovarsi sul Mar Rosso, proprio di fronte al luogo dove un tempo, con pochi spiccioli, si giocava a fare i gran signori.

Antonio, invece, era un guaglione del Pallonetto di Santa Lucia, un ragazzo forte, con lo sguardo acuto e il sorriso da guappo. Voleva diventare qualcuno, "fare i soldi", sperava di realizzare almeno qualche sogno dall'altra parte dell'oceano. Una mattina, all'inizio del secolo scorso, scese dai vicoli carico di speranza e si diresse al porto, dove l'attendeva la nave per "la Merica", per una nuova vita. Il viaggio, però, lo mise subito a dura prova: le cuccette di terza classe erano strette e sovraffollate, e con solo un boccaporto dal quale passava l'aria. Perciò, con il trascorrere dei giorni, iniziarono a diffondersi malattie respiratorie e intestinali e molti suoi compagni di viaggio non ce la fecero e finirono in mare. Come del resto molti compagni di Samir, che un giorno salutò i suoi vecchi e si diresse verso l'Egitto o la Libia, a Tripoli, o in qualche altro porto che lo avrebbe poi condotto in Italia, la sua "Merica". Prima di imbarcarsi su uno scafo, però, attraversò il deserto a bordo di una jeep, con altri cento, senza acqua e cibo per giorni, e chi non ce la faceva sveniva e veniva spinto giù dall'auto in corsa.

Dopo due settimane di navigazione, Antonio raggiunse il Nuovo Mondo ed era raggiante durante le operazioni di sbarco, mentre immaginava di scrivere alla sua Annarella per dirle che stava bene ed era pronto a mangiarsi la vita. E non perse la speranza nemmeno quando sul molo fu accolto come fosse una bestia; "ratti italiani", così gli americani chiamavano lui e i suoi compagni, molti dei quali furono subito rispediti al mittente. Antonio, invece, andò a finire a Ellis Island, in quarantena.

Samir, intanto, riuscì chissà come a uscire vivo dal deserto, nonostante le notti all'addiaccio e le tante soste in baracche fatiscenti dove era confinato insieme ad altre centinaia di disgraziati. Antonio era guappo e non sapeva pregare; Samir, invece, chiudeva gli occhi e chiedeva al suo dio di fargli perdere l'udito così che non potesse più sentire le urla delle donne stuprate a pochi metri. E, a furia di pregare, Samir arrivò sulla costa, dove impiegò alcuni mesi per racimolare i soldi utili a salire su uno di quei famosi barconi. E anche lì, sullo scafo inerme in mezzo al mare, in balia delle onde e dell'arsura, Samir tornò a pregare con le labbra scorticate mentre una donna a prua metteva al mondo un neonato e i corpi di chi non ce l'aveva fatta venivano buttati nel Mediterraneo.

A New York Antonio riuscì a superare tutte le visite e trovò lavoro in una miniera o, forse, nella costruzione di una ferrovia. Di lui non si seppe più nulla, alcuni guaglioni del Pallonetto continuarono a ripetere per anni che era uno di quelli che ce l'aveva fatta, s'era arricchito e ora se ne fotteva di tornare a fare la vita del pezzente a Napoli. I più anziani, invece, andavano raccontando che il povero ragazzo aveva perso la vita in un cantiere edile e che prima di morire aveva chiesto della sua Annarella.

Anche Samir ha resistito al viaggio ed è sbarcato in Italia, la sua agognata "Merica". Almeno, così aveva sperato. E, invece, è stata proprio la speranza a voltare le spalle a lui e alla sua compagna: le telecamere della stazione hanno ripreso un lungo abbraccio fra i due prima che si lanciassero sotto il treno diretto a Gianturco.

Mi piace pensare che Samir abbia sussurrato alla compagna: "Buon viaggio".

Buon viaggio anche a te, Samir.

Buon viaggio a tutti voi.

In questa vita o in quell'altra.

STORIA & LEGGENDA

Piccola storia vera sul Risorgimento napoletano

Un giorno ero in un taxi al Nord, di mattina presto, il cielo era plumbeo e l'aria frizzante. Me ne stavo perciò sprofondato nel sedile e guardavo distrattamente oltre il vetro, quando il tassista mi domandò qualcosa sulla mia destinazione.

Gli risposi sintetico e lui subito ribatté: "Lei è napoletano, vero?".

Si sente così tanto? Mi domandai prima di annuire.

"Sto leggendo un libro, non so come mi sia capitato fra le mani..." proseguì lasciandomi ad ammirare il suo volto dentro lo specchietto retrovisore.

Forse sa che scrivo, pensai, forse è lui a scrivere e adesso mi regalerà il suo ultimo manoscritto. "Che libro?" mi vidi costretto a chiedere, annoiato.

"Il titolo non lo ricordo," fece lui puntando gli occhi intelligenti di nuovo su di me, "però parla dei Borbone."

"I Borbone?"

"Eh, quelli che vi hanno governato. Non erano i Borbone?"

"Certo," risposi mentre mi tiravo su.

"Be', devo dire la verità, Napoli doveva essere proprio una meraviglia all'epoca. Cioè, per carità, lo sarà anche adesso, non metto in dubbio, però ho letto che nel Settecento e nell'Ottocento era la capitale d'Europa, il centro culturale per antonomasia, dove si potevano incontrare i migliori intellettuali dell'epoca, le menti più grandi" e si fermò per permettere a una signora anziana di attraversare. Quindi si voltò sorridente e aggiunse: "Sto leggendo che addirittura la prima ferrovia è stata la vostra…".

"La Napoli…"

"La Napoli-Portici, sì. E poi il libro spiega anche che eravate lo Stato più industrializzato del Vecchio continente, che praticamente le prime locomotive le avete costruite voi. Come le navi. I Borbone realizzarono un grande cantiere navale dalle vostre parti…"

"A Castellammare di Stabia, la più antica fabbrica di navi. Si chiamava Regio arsenale."

"Sì, già. E poi costruirono la Reggia di Caserta, il museo di Capodimonte e il San Carlo, lo sa che hanno realizzato anche il famoso teatro?"

"Certo, anche l'Orto botanico, il Real albergo dei poveri…"

"E poi si deve a loro anche l'inizio degli scavi, Ercolano e Pompei."

"Sì, sotto il regno di Carlo e del figlio Ferdinando…"

"Addirittura ho letto che a Napoli è nato anche il Banco dei pegni, prestavano già i soldi. Sempre belli dritti voi, eh?"

"Senza interessi, solo per carità cristiana."

Poi finalmente il tassista storico o lo storico tassista (andrebbero bene entrambe le definizioni) si zittì, attratto da un annuncio all'autoradio, e così potei terminare un concetto: "Be', a Napoli abbiamo anche l'università laica più antica del mondo. Ai tempi dei Borbone ce n'erano ben quattro, e avevamo anche il più alto numero di editori. Nacquero pensatori del calibro di Vico, Pagano, Filangieri, musicisti come Rossini…"

"Però non capisco come avete fatto a fare questa fine…"

commentò il tassista mentre fermava l'auto davanti alla stazione.

"Quale fine?" risposi piccato.

Lui forse capì e aggiustò il tiro: "Io, per la verità, non ci sono mai stato a Napoli, ma... ecco, lo sappiamo quel che si dice in giro. Eravate la capitale culturale d'Europa, perciò come avete fatto a..."

Cacciai i soldi dal portafoglio e risposi mentre li contavo: "È una storia lunga..."

"Sì, già," disse afferrando il denaro. Quindi attese che uscissi dall'auto per aggiungere: "Se ho ben capito c'entrano i piemontesi. È così?" e strizzò l'occhio in segno d'intesa.

"È una storia lunga," ribadii con un sorriso, "e fra poco parte il treno."

Mi ero allontanato di soli due passi quando mi richiamò: "Dottore?".

Il sagace tassista aveva la testa fuori dal finestrino e sorrideva. "Io non sono piemontese, però sono juventino..."

"Ah."

"Perciò ve la siete presa tanto per Higuaín?"

"Per Higuaín?" chiesi sorpreso.

"Perché è andato proprio a Torino? Se volete, possiamo riparare al torto, ridateci indietro i soldi e ve lo restituiamo volentieri," e scoppiò a ridere.

"No, grazie, proprio chello vo' putite tené," risposi, e poi corsi a prendere il treno per tornare nel Regno di Napoli... pardon, a casa.

Il lord che salvò Edenlandia

Ho una bella favola da raccontare.

Una mattina di luglio di un anno indefinito un bambino si intrufolò di soppiatto, insieme ad altri amici, all'interno del parco giochi Edenlandia, chiuso da tempo e abbandonato all'incuria. I ragazzini si misero a correre all'interno della struttura, sfrecciarono davanti al Drago cinese, si arrampicarono lungo il percorso dei Tronchi, passarono davanti al Castello e si fermarono nei pressi del Galeone dei pirati. Poi il nostro protagonista notò un piccolo elefantino che se ne stava sdraiato in un angolo, la testa fra le zampe e la lunga proboscide distesa su una lastra di cemento arsa dal sole. Si avvicinò e vide che l'erba cresceva sotto la pancia dell'animale e la ruggine gli stava mangiando le orecchie. Allora gli montò sul dorso e domandò: "Ehi, cos'è quella faccia triste?".

Dicono che l'elefante, che di nome fa Dumbo, rispose che era triste perché avrebbe festeggiato i suoi cinquant'anni da solo, in quello spiazzo desolato, senza i bambini a ronzargli attorno, le luci e le musiche delle giostre al suo fianco. E senza nemmeno il suo più caro amico, lord Sheidon, il proprietario del Castello che, da quando il parco era stato chiuso, se ne restava tutto il giorno dentro il maniero a fare conti, nel tentativo di trovare un gruzzoletto per far partire i lavori di restauro e riaprire così Edenlandia. "Senza bambini," andava ripetendo il lord, "io questo castello che ce l'ho a fare?"

Il ragazzino promise a Dumbo che si sarebbe preso cura di lui, così il giorno dopo si presentò con un paio di guanti che usò per liberare le zampe del povero elefante dalle erbacce incolte. E la volta successiva portò dell'olio e cercò di grattare via la ruggine dalle orecchie. In breve i due divennero amici, e Dumbo tornò a sorridere. Le visite andarono avanti per tutto l'inverno, nonostante la situazione all'esterno diventasse sempre più caotica, con gruppi di ex dipendenti che manifestavano là fuori con cartelloni e striscioni.

Poi un giorno il ragazzo giunse nel parco e strabuzzò gli occhi: Dumbo stava volando in tondo sul castello, e sembrava felice. Allora fece un fischio e l'elefante si precipitò da lui.

"Edenlandia riaprirà!" urlò euforico l'animale, prima di cingere l'amico con la piccola proboscide per issarlo sul suo dorso.

Nelle due ore passate in groppa a Dumbo, il ragazzo conobbe il Drago cinese (impegnato in gargarismi che, così andava dicendo, gli avrebbero permesso di tornare a sputare fuoco), sfiorò la prua del Galeone con la mano e scese in picchiata sul fortino Far West, dove cowboy e indiani bevevano e ballavano insieme urlando "Viva il parco!".

Alla fine i due amici si fermarono ai piedi del maniero. "È merito di lord Sheidon, è lui che ha trovato i soldi per far riaprire," andava ripetendo Dumbo, e barriva sperando che l'uomo si affacciasse.

Il lord, però, non si affacciò, né quel giorno né durante tutto l'anno seguente, quando le ruspe iniziarono a entrare in azione e i giochi a essere restaurati.

Il ragazzino continuò a visitare di nascosto il parco e a vederlo farsi ogni giorno più bello, finché una mattina una folla festante si riversò fra i viali alberati, attorniata da luci colorate, musiche e richiami. Il Drago cinese riprese a girare in tondo, i cowboy si misero a sparare a salve agli amici indiani, i Tronchi furono piazzati di nuovo in acqua, il Galeone salpò, e Dumbo tornò a sorridere ai bimbi che gli accarezzavano le orecchie. L'attrazione che richiamò più gente fu, come sempre, il Castello di lord Sheidon, il quale, nonostante la fila interminabile sotto la sua finestra, continuò a non mostrarsi, alimentando le voci su di lui che lo descrivevano come un vecchio dispotico e crudele.

In realtà, come confidò Dumbo al nostro ragazzo, il lord non si vide perché era indaffarato a tenere in ordine i conti, così da evitare che altra gente meno assennata di lui potesse, in futuro, affondare di nuovo il parco e i sogni dei bambini.

Ah, dimenticavo… e tutti vissero felici e contenti!

Tutti, tranne, forse, il povero lord.

Il Jolly Roger come unica guida

C'è una nave ormeggiata nel porto di Baia dall'ottantacinque, inclinata su un lato e affondata per un quarto, rosa dal tempo e dalle intemperie. È un mercantile che fu sequestrato perché trasportava nella stiva le sigarette di contrabbando, mercato che all'epoca andava per la maggiore.

La nave, per un'incredibile serie di cavilli burocratici, è rimasta lì per trentadue anni. Solo in questi giorni finalmente si sta procedendo alla sua rimozione. Il relitto si chiama *Sassari I* e ha la chiglia incastrata tra i resti dell'antica città romana di Baia. Ormai è uno scheletro che galleggia; dall'interno, infatti, è stato portato via tutto: suppellettili, arredo, porte, ferro. D'estate i ragazzi ci si arrampicavano per fare i tuffi.

Lo fecero anche alcuni miei amici, tra la fine degli ottanta e l'inizio dei novanta, di notte salirono a bordo della carcassa abbandonata e girarono fra le sue spettrali sale per un paio di ore. Ancora oggi nei loro racconti è vivida la memoria di quella "bravata". Già, bravata, come se ne facevano tante all'epoca, come ne fanno i ragazzini sospesi in quell'età nella quale ti senti invincibile e pensi che nulla ti possa far male, soprattutto se al tuo fianco hai i compagni di sempre. Io non partecipai alla scorribanda, forse per paura, o per pigrizia, non so, eppure mi piacciono le navi, subisco da sempre il fascino dei pirati, sin da quando, bambino, mi innamorai di

Long John Silver, il protagonista de *L'isola del tesoro* di Stevenson, o del film di Polanski che si intitolava proprio *Pirati*, con un grande Walter Matthau. Persino i poveri e scalcinati pirati che le prendono di santa ragione a ogni avventura di Asterix e Obelix mi sono simpatici.

Ma chi non è attratto da loro? Chiunque resta ammaliato dalla leggenda, dal loro modo di vivere anarchico e senza regole, come dimostra il successo planetario de *I Pirati dei Caraibi*.

C'è qualcosa di profondo che ci porta ad amare i pirati, che smuove il nostro archetipo, l'immaginario collettivo di poter prendere il mare, lasciarci tutto alle spalle e vivere in una piccola comunità senza regole, nell'assoluta libertà. È questo che ci strega, la scelta che all'epoca fecero quegli uomini dissoluti di voltare le spalle all'Europa dei regimi, al totalitarismo e alle monarchie, la libertà che con coraggio e spietatezza si andarono a prendere. La capacità di non soggiacere alle regole, di fare quello che si desidera, e farla franca. La voglia di non sottostare all'autorità, che soprattutto negli anni difficili dell'adolescenza non grazia nessuno, né i figli della piccola e media borghesia né gli scugnizzi dei vicoli e delle periferie.

Se alle spalle hai una famiglia, un esempio, una strada alternativa da percorrere, ti salvi, e con gli anni quel desiderio di libertà e anarchia si placa e diventa solo un ricordo, un sapore dolciastro, un sorriso che ti affiora sulle labbra quando vedi un vecchio film o senti intonare il noto canto piratesco *Quindici uomini sulla cassa del morto*.

Se alle spalle, invece, non hai nessuno, se quelli che dovrebbero indicarti la strada non ci sono, chi in galera, chi al camposanto, indietro non ci torni e finisci davvero a fare il pirata, con la pistola nei calzoni e il sorriso beffardo, impugnando un telefonino che servirà a conservare per sempre l'immagine della tua ciurma, ragazzi senza guida che si perderanno con ogni probabilità alla prima vera tempesta.

Perché è così che va a finire, sempre. Nessuno di loro diventerà mai famoso, nessuno resterà nella storia al pari di Barbanera, che in ogni caso fu ucciso da un tenente della Marina inglese. È così che va a finire quando non ti spiegano che la corazza invisibile che a quindici anni credi di portare in realtà non esiste.

Il fenomeno dei pirati (che durò poco, una cinquantina di anni in tutto, a cavallo tra il Seicento e il Settecento) si concluse con l'uccisione dell'ultimo capitano, il francese Olivier La Buse, ma prima di lui molti altri erano stati impiccati, fucilati, imprigionati. La repressione ebbe la meglio. Eppure la loro leggenda continua a solcare i mari.

La verità è che la sola repressione serve a poco, e che forse la colpa non è unicamente di chi gioca a fare il corsaro (perché non conosce altra via), ma di chi permette che questi ragazzi vengano al mondo già a bordo di una nave pirata, in mare aperto, con il Jolly Roger strattonato dal vento come unica guida.

Riunioni segrete in Villa

Qualcuno mi ha detto che di notte accadono cose strane all'interno della Villa comunale. Pochi ne sono al corrente, badate, anche perché i protagonisti di questa singolare vicenda sono attenti e prendono tutte le precauzioni del caso. Però a Napoli è difficile riuscire a mantenere a lungo un segreto, qui la gente parla.

Insomma, senza girarci troppo intorno, mi è stato rivelato che lì dentro, ogni notte, da un po' di tempo, si riuniscono i più grandi pensatori e intellettuali del secolo scorso per parlare delle condizioni in cui versa la Villa che li ospita. Già, proprio così, una congrega di busti seduti intorno a una tavola rotonda (o forse all'interno della Cassa Armonica) che discutono amabilmente (non sempre, qualche volta gli animi si esacerbano) su cosa fare per ridonare dignità al nobile giardino, quella villa nata alla fine del Seicento come real passeggiata che doveva unire Chiaia a Posillipo, e che cento anni dopo divenne un vero e proprio parco grazie al volere di Ferdinando IV, che affidò il progetto al Vanvitelli. Nell'Ottocento i Borbone vi intrattenevano gli ospiti con banchetti e feste nelle quali recitavano gli attori della compagnia del San Carlino, il giardino divenne sempre più ricco di alberi di ogni tipo, vi fu inaugurato un galoppatoio e furono installate statue e busti che contribuirono a rendere la Villa un salotto in pieno centro, frequentato da aristocratici e letterati del calibro di Dumas. Dalla seconda metà dell'Ottocento, e con l'unità d'Italia, furono fatti ulteriori abbellimenti, come per esempio la Cassa Armonica, che nei primi anni del secolo scorso era circondata dai tavolini del caffè Vacca dove era solita sedere anche Matilde Serao. Qui Puccini nel ventiquattro eseguì in prima assoluta la *Turandot*.

Perciò, ecco, a questi illustri concittadini di un tempo proprio non va giù lo stato attuale della Villa, e allora si incontrano in gran segreto, come una loggia massonica, per trovare una soluzione. Nel silenzio della notte i busti si staccano dai loro piedistalli e si avviano lento pede verso il luogo prefissato per la riunione. Ne sanno qualcosa i clochard che abitano l'ex casa dei giornalisti, ormai abituati a queste processioni notturne nemmeno tanto silenziose, poiché si dice che voli anche qualche parola di troppo. Il più nervoso sembrerebbe Luigi Settembrini, che una notte si presentò all'appuntamento con la giacca chiazzata e lo sguardo torvo, vittima di alcuni scugnizzi che lo avevano vandalizzato con delle bombolette spray, "ignobili invenzioni di questo mondo nuovo e incomprensibile" come commentò davanti ai suoi colleghi.

I più attivi, invece, dicono siano Edoardo Scarfoglio ed Enrico Pessina. Il primo è impegnato a scrivere un imponente articolo con il quale attacca il governo e le istituzioni locali per sollecitare un intervento urgente volto a ripristinare gli antichi fasti della villa; Pessina, all'opposto, seppur pieno di entusiasmo, spesso si lascia distrarre dalle sue forti idee liberali dando vita a interminabili monologhi contro il potere monarchico e i Borbone. Qualcuno, annoiato, chiede insistentemente un caffè, altri cercano di prendere la parola per essere propositivi, come Enrico Alvino, l'architetto che progettò la Cassa Armonica e, soprattutto, quello che a oggi è considerato il più importante asse viario della città: il corso

Vittorio Emanuele. Quando l'architetto inizia a parlare, quasi tutti ammutoliscono e molti applaudono convinti, soprattutto i compagni di sempre, Settembrini, Francesco De Sanctis, e lo stesso Pessina, con i quali Alvino partecipò ai moti rivoluzionari del quarantotto. L'unico che non sembra ammaliato dalle idee di Alvino è il busto di Alfredo Cottrau, ingegnere e uno dei massimi esperti progettisti di strutture in ferro nell'Ottocento, che forse avrebbe idee diverse per quel che riguarda le nuove opere da compiere nel parco.

Insomma, come vedete, nonostante le menti eccelse che si riuniscono ogni notte, si continua a brancolare nel buio e nessuno riesce a trovare una soluzione che possa restituire decoro a uno dei luoghi più significativi e colmi di storia di Napoli.

Né le istituzioni di oggi, né i busti dei più eccelsi concittadini di ieri.

La pozione magica per i napoletani

"Nel 50 avanti Cristo tutta la Gallia è occupata dai Romani... Tutta? No! Un villaggio dell'Armorica, abitato da irriducibili Galli, resiste ancora e sempre all'invasore."

Quante volte abbiamo letto questa frase? Iniziano sempre così le storie di Asterix e Obelix, la serie di fumetti francesi creata da quei geni di René Goscinny e Albert Uderzo. Non ricordo il primo incontro con quelli che sarebbero diventati i miei pasticciati eroi, gli amici che sapevano riempire i buchi di solitudine dell'infanzia che pure hanno la loro importanza. Conosco a memoria ogni singola storia, le ho lette e rilette trent'anni fa e conservate con cura, in attesa che sia mio figlio a posare le mani sui preziosi albi. *Asterix e i Normanni, Asterix legionario, Asterix e Cleopatra, Asterix in Iberia* sono solo alcuni dei capolavori usciti dalla penna dei due francesi. Conservo gelosamente tutti i volumi, anche l'ultimo (nel quale non c'è più nemmeno Uderzo a scrivere), che stavolta vede impegnati i mitici Galli in un'avventura alle pendici nientedimeno che del Vesuvio. Già, proprio nella nostra terra, quella Campania Felix che i Romani amavano e usavano come luogo di ristoro, la città che si arrese senza opporre resistenza, come poi avrebbe fatto altre volte nel corso dei secoli, abituata ad accogliere sempre benevolmente l'invasore, sperando ogni volta che questi portasse in dote chissà cosa.

In cinquanta-e-passa anni, Asterix e il suo fidato amico hanno viaggiato in lungo e in largo per il mondo, hanno visitato più volte Roma, eppure non si erano mai spinti da queste parti, nella città fondata dai Cumani e fra le più importanti della Magna Grecia. L'albo si intitola *Asterix e la corsa d'Italia*, una gara di velocità con le bighe che si svolge lungo il territorio italico, ed è stato pubblicato in oltre venti lingue, con una prima tiratura di quattro milioni di copie, numeri da capogiro che certificano il grande e meritato successo di questi intramontabili scugnizzi francesi che proprio non ci stanno a farsi mettere i piedi in testa. Come in parte è avvenuto per la nostra città che, pur diventando a tutti gli effetti romana, non perse mai le sue caratteristiche marcatamente greche, tanto da diventare, sotto l'imperatore Augusto, custode della cultura ellenica e sede dei giochi Isolimpici, sul modello di Olimpia, in quanto *urbs* più greca d'Occidente.

Nel secondo secolo dopo Cristo fu costruito anche un tempio apposito dedicato al culto dei giochi, i cui resti sono stati rinvenuti solo recentemente, in occasione degli scavi della stazione Duomo della Linea 1 della metropolitana. Quando la stazione aprirà, i napoletani potranno finalmente godere della visione di questi resti che certificano come Neapolis fosse a quei tempi (ma anche dopo) un affermato centro culturale.

Non so quanti italiani leggano Asterix, quanti delle nuove generazioni si avvicinino alle sue storie, quanti ragazzi riesca ancora a conquistare il nanerottolo francese in un'epoca dove gli eroi e gli idoli, se ancora esistono, sono altri, gente comune che fa cose comuni attraverso le quali tutti possono identificarsi. La fine del talento e la celebrazione della mediocrità mi verrebbe da dire, se non fosse che rischio di sentirmi vecchio a criticare così aspramente i ragazzi che in fin dei conti, come accade da sempre, non fanno altro che ricevere in eredità qualcosa che non hanno contribuito a edificare. Per la mia generazione e per quelle passate Asterix era una specie di idolo, quel villaggio in Armonica popolato da gente imperfetta, litigiosa e attaccabrighe incarnava la fierezza del popolo incapace di sottomettersi all'invasore e di farsi comandare. Napoli è stata costruita dai Greci, invasa dai Romani, dagli Ostrogoti e dai Bizantini, poi sono arrivati i Normanni e gli Svevi, quindi gli Angioini, e poi gli Aragonesi, gli Austriaci, i Borbone. A nessuno di questi si è mai ribellata, contro nessuno è insorta (a parte sporadiche eccezioni), ma da ognuno di loro ha invece preso in prestito qualcosa, l'ha inglobato e fatto suo, per arrivare a essere quel magnifico agglomerato multiculturale che è oggi, città che continua a non aver paura dello straniero e che, però, non alza nemmeno la voce per difendersi dai tanti soprusi, assuefatta ormai a essere terra di conquista.

Non sarebbe male allora se gli irriducibili Galli si fermassero alle pendici del Vesuvio per risvegliarci un po'. Li accoglieremmo volentieri intorno a una tavola imbandita e semmai racconteremmo loro la storia di quel pescivendolo napoletano del Seicento che tentò di ribellarsi alle ingiustizie dei potenti e che, però, fece una brutta fine.

È che qui, purtroppo, la pozione magica nessuno l'ha ancora inventata.

SACRO & PROFANO

San Gennaro ci ha messo una pezza

Un giorno leggevo distrattamente le news sul computer quando appresi che il miracolo di san Gennaro non era avvenuto. Il miracolo si ripete ogni anno in tre occasioni: il 19 settembre, il sabato precedente la prima domenica di maggio, e il sedici dicembre. Cliccai sul titolo e, in effetti, l'articolo diceva che fino a quel momento il sangue non si era sciolto e che per questo c'erano moltissimi fedeli in ambasce.

Non oso definirmi un religioso, parola troppo complessa, ma un credente sì. Anzi "credente" mi sembra proprio il termine giusto, parola nobile che appartiene ai sognatori, che sono quelli che in genere spendono bene la loro vita. Ebbene, io credo innanzitutto che quelle maestose sfere che lassù girano in tondo in un seducente ballo debbano essere per forza di cose mosse da un grande giocoliere. E credo che anche le stelle facciano parte della scenografia voluta da Lui che, in fondo, dev'essere anche un romanticone. O magari mi sbaglio e le stelle sono messe lì a casaccio, frutto di un semplice starnuto del nostro marionettista magico. Credo, in ogni caso, che Lui di magia se ne intenda, perché se no come ha fatto a inventare la gravità, che è una cosa proprio magica, che non si vede e non si sente, eppure ci permette di avere il mare, che altrimenti se ne starebbe sospeso per aria, a vagare a zonzo per l'universo.

E poi credo nell'energia, che ci scorre dentro come sangue e ci fa sorridere, correre e amare. Già, il sangue. A oggi la liquefazione del sangue del santo resta un evento "prodigioso", come lo definisce la Chiesa che, a differenza dei fedeli, è sempre rimasta prudente e non ha mai parlato di miracolo. Miracolo o no, prodigio o non prodigio, credenti o non credenti, per noi napoletani il sangue s'addà squaglià. Su questo non si discute. Perciò, sono sincero, la notizia mise in apprensione anche me, che non sarò un religioso doc ma sempre napoletano sono, e per questo superstizioso dalla nascita. D'altronde in questa città fede e scaramanzia camminano a braccetto, senza che la prima si senta offesa dalla presenza al suo fianco della seconda, come due vecchie zie che si sostengono a vicenda. Però poi pensai che, diamine, sono un uomo di oltre quarant'anni, non potevo farmi turbare da una notizia simile, che se anche si trattasse davvero di un miracolo, si è mai visto un miracolo a comando, tre volte l'anno? Sennonché l'occhio mi cadde su un altro titoletto che elencava le date nelle quali il sangue non si era sciolto: nel trentanove e nel quaranta, in prossimità della guerra mondiale, nel quarantatré, anno dell'occupazione nazista, nel settantatré, quando Napoli fu colpita dal colera, e nell'ottanta, pochi mesi prima del terremoto. Insomma, il piccolo elenco storico provocò in me un rigurgito di scaramanzia. "Va be', dai, si scioglierà più tardi," mi dissi per rincuorarmi prima di tornare alle mie cose.

La giornata poi mi avvinghiò con i suoi lunghi tentacoli e dimenticai san Gennaro e il suo sangue. Ero già a casa quando corsi a leggere la notizia, con un pizzico di apprensione che tornava a fare capolino. E se non si è sciolto, mi dicevo, come faremo? Vuoi vedere che deve arrivare qualche altro cataclisma? D'altronde san Gennaro mica è fesso, sa bene che quaggiù, nell'ultimo periodo, ci sta poco da salvare. Ma dai, non puoi credere a queste fandonie, rispondeva un'altra vocina mentre aprivo la pagina internet. Pochi secondi e appresi che il sangue del santo si era infine sciolto nel tardo pomeriggio, scatenando urla festanti fra i numerosi fedeli. Meno male, pensai, anche stavolta il nostro protettore ha deciso di metterci una pezza.

Chiusi il tablet con un sorriso e, quando mia moglie si avvicinò per domandarmi se il miracolo fosse avvenuto, le risposi con finta noncuranza. Lei tirò un sospiro di sollievo e domandò se anch'io non fossi stato un po' in agitazione.

"Ma dai, lo sai che non credo a queste cose," risposi con aria di superiorità mentre mi dileguavo in salotto.

Sarò pure un credente, ma di certo non sono un buon cattolico.

Dico le bugie.

Quei gesti antichi

La pizza napoletana è diventata patrimonio dell'Unesco: che cosa incredibile! E giusta. Il comitato di governo dell'Unesco ha riconosciuto l'alto valore culturale dell'iter che porta la pizza napoletana sulle nostre tavole, a cominciare dai movimenti per impastare, quei gesti consueti che ci affascinano da sempre e che seguiamo spesso in silenzio, come se fosse un rituale. Ecco, sì, rituale è la parola giusta, in che modo chiamare altrimenti il momento poetico durante il quale si distende l'impasto e inizia a prendere forma la pizza? E poi i gesti concentrici con i quali il pizzaiolo distribuisce la salsa sulla pasta con il mestolo prima di afferrare i dadini di mozzarella, il movimento rotatorio del braccio che serve ad aggiungere la giusta quantità di olio e, prima ancora, quella rapida spruzzata di farina sul bancone e quindi sulla pala che dovrà infornare. Pochi istanti, sempre gli stessi, con l'odore di cibo nelle narici, il caldo del forno che ci bacia il viso, con nelle orecchie il dolce fischio di qualcuno che intona un'antica canzone napoletana o il brusio di una tv accesa nell'angolo che nessuno guarda perché c'è da chiacchierare sul Napoli o su qualunque altra cosa non sia troppo seria (anche se a Napoli il calcio è cosa seria). È una briciola quella, di meritata spensieratezza, un atomo di energia rivitalizzante per tutti i presenti, che attendono una Margherita o un calzone che possa scaldare la loro serata. E quando infine il pizzaiolo affida la sua opera al compagno accanto, allora i nostri occhi lasciano il freddo banco marmoreo per intrufolarsi nel caldo forno, attirati da un tozzo di legno rovente che riverbera sul fondo di quella cavità sacra. L'impasto si gonfia e assume l'aspetto definitivo nel lasso di tempo che qualcuno alle nostre spalle ordina dei crocchè e una signora dietro alla cassa infila due Peroni in un sacchetto.

Oggi tutto arriva a casa in poco tempo, ma le pizzerie in realtà le abbiamo sempre chiamate, perché a volte fa freddo e di scendere proprio non ci va, perché c'è da mettersi in fila, spesso in piedi, ed è molto meglio aspettare davanti alla tv di casa. Però poi arriva il giorno in cui decidiamo comunque di andarle a prendere noi le pizze, che si fa prima, e allora ci ritroviamo di nuovo immersi in questi piccoli grandi mondi, davanti a un pizzaiolo vestito di bianco e con un graffio di farina sulla guancia, ancora dentro il magico rituale, fra persone che non conosciamo, ma che conosciamo, volti estranei nei quali c'è sempre un dettaglio familiare. E forse è la lingua, la gestualità (del pizzaiolo e di noi comprimari), come ha sottolineato l'Unesco, forse è il modo di affrontare la vita, quella capacità tutta nostra di deriderla un po' senza mai permetterci di prenderla in giro per davvero, non so, ma in queste pizzerie, ogni sera, noi ci amalgamiamo per diventare una cosa sola, proprio come la mozzarella fa con il pomodoro e l'impasto. E così finiamo per gustare tutti insieme e in rigoroso silenzio quei gesti antichi che sanno di buono e ci fanno sentire a casa, accolti, difesi e protetti, fra odori e sapori che conosciamo così bene e che ci riportano alle nostre radici, che sono dentro di noi, partono dalla pancia e si ramificano tramite la punta dei piedi in questa terra strapazzata che proprio non riusciamo a odiare e che, però, nemmeno riusciamo ad amare fino in fondo, ma che spesso ci rende così orgogliosi di appartenerle, di essere parte di essa, un piccolo chicco di un fiorente vigneto che ricopre un dolce pendio, felici di poter gustare ogni giorno il suo succo vitale.

La pizza napoletana è patrimonio dell'Unesco, le nostre piccole serate in questi piccoli mondi antichi sono patrimonio del mondo.

E noi siamo fieri che qualcuno se ne sia accorto.

Fieri che abbiano ancora una volta voluto riconoscere il valore universale di questo immortale vigneto.

Per fortuna esistono i nonni

Da bambino tifavo Juve. Ecco, l'ho confessato. Mi piace-
vano l'eleganza di Platini in campo, la corsa di Boniek, la capacità di Paolo Rossi di trovarsi sempre al posto giusto. Il
problema è che il nonno era un tifoso sfegatato del Napoli,
perciò ero costretto a vivermi di nascosto l'infamia ché, se
l'avesse saputo, gli sarebbe venuto un malore. Allora gli na-
scondevo la mia passione malsana e fingevo di tifare per gli
azzurri. La mia prima volta al San Paolo fu a sette anni, con
papà, in curva, anno millenovecentottantadue; la partita era
Napoli-Sampdoria e gli ospiti vinsero per uno a zero con rete
di Scanziani, anche se io per anni sono stato convinto che
fosse stato Bruscolotti a metterla nella porta sbagliata. In
ogni caso, non fu quello il match che mi fece ravvedere. Un
po' di tempo dopo, un amico dei miei genitori portò me e
mio cugino a vedere una partita di Coppa Italia: era il Napoli
di Maradona e Giordano, e mi bastò mezzo secondo tempo
(eravamo rimasti a piedi con l'auto) per dire addio alla Vecchia Signora senza troppi rimpianti. Da allora potei finalmente gioire con il nonno senza fingere.

Non lo so se nei miei primi anni si fosse mai accorto che
lo stavo prendendo in giro, che in realtà sedermi la domenica
al suo fianco ad ascoltare la radiolina dalla quale sgorgava
l'inconfondibile voce di Ciotti mi annoiava da morire. Non

so se si sia accorto che i miei abbracci ai gol non erano poi così sentiti. So, però, che da quella partita in poi diventarono veri, come la voglia di patire al suo fianco, lui che da sessant'anni sperava in quella parola che a Napoli non si può mai pronunciare, e ogni mattina scendeva puntuale per andare all'edicola a comprare "Il Mattino" e "SportSud". So che grazie a una partita alla radio porto ancora con me il profumo della sua stretta, lui che era sempre così restio a lasciarsi andare.

In realtà non ricordo quale sia stato il gol che fece scaturire il nostro primo vero abbraccio, e allora voglio pensare in grande e credere che sia avvenuto grazie alla prodezza di Maradona con la Juve entrata nella storia, la punizione dall'interno dell'area. Quella palla a giro che si infila nel sette, la faccia attonita di Tacconi, mi fanno subito balzare davanti agli occhi il nonno che urla impazzito per il soggiorno mentre mi strofina la barba sfatta contro la guancia, la sigaretta ancora accesa nel portacenere un po' più in là.

Fra i rammarichi che mi porto dietro, c'è quello di non aver avuto sufficiente curiosità per porgli tutte le domande che potevo, lui che aveva alle spalle la Storia da raccontare. Mi accontentavo di vivere il presente con lui, di farmi accompagnare dalla sua mano salda verso l'adolescenza, senza chiedergli nulla del passato, del lavoro, della guerra, delle "Quattro giornate". Niente neanche di quel tale, Giorgio Ascarelli, un giovane imprenditore tessile che, il primo agosto del ventinove – il nonno aveva diciassette anni –, fondò il Calcio Napoli.

Per fortuna c'è il ricordo di quegli abbracci domenicali ad attutire la mancanza delle domande non fatte e di tutte le risposte che mi avrebbe potuto dare.

Per fortuna c'è il Napoli, che spesso ci regala ricordi e abbracci che riempiono i vuoti.

Per fortuna esistono i nonni.

Quel lungo istante dell'ottantasette

A Napoli c'è sempre chi guarda avanti e chi guarda indietro. Sono passati ormai trent'anni dalla vittoria del primo scudetto, e alcuni si sono stufati di celebrazioni e ricordi, vorrebbero trionfare di nuovo, pensare al presente. Altri, invece, desiderano dare il giusto valore ai ricordi. Io sono fra questi ultimi: forse perché per scrivere servono proprio dei ricordi, ho un rapporto quotidiano con loro. E fra di essi non può non esserci il 10 maggio dell'ottantasette, uno di quei giorni storici che ti segnano l'esistenza e si infiltrano sottopelle per divenire, negli anni, memoria, lo scrigno dove conserviamo le emozioni più importanti. E allora mi piace tirare fuori per una volta da questo scrigno impolverato il lungo istante dell'ottantasette, mi piace raccontare di quella giornata primaverile tinta di azzurro e di sorrisi, del soffio di speranza che usciva dalle case e si mischiava agli odori della mattina, alla moka e alle graffe.

Mio zio si caricò papà sulla Vespa per scendere giù fra i vicoli a fotografare i palazzi tinteggiati, le scale con disegnato il tricolore, i tombini azzurri, le bandiere che sventolavano a ogni balcone, le automobili con il tettuccio apribile dipinte del colore del cielo e già pronte ad accogliere famiglie intere, gli annunci funebri delle altre squadre che campeggiavano sui muri accanto alle frasi meravigliose, come quella famosa fuori al cimitero: "che ve site perso".

Nacque un album, quel giorno, un album che riposa da trent'anni su uno scaffale insieme a tanti altri raccoglitori, perché allora le foto si stampavano e si attaccavano alla carta. E sì, quel 10 maggio le fotografie si incollavano, le Vespe si accendevano con una spinta, le telefonate si facevano dalla cabina con il gettone, le partite si ascoltavano alla radio, e i nostri nonni aspettavano uno scudetto da sessant'anni.

Difficile spiegare alle nuove generazioni l'emozione di quei giorni, difficile far capire loro quanto ci mancano i tempi nei quali scattare una foto era roba da appassionati e telefonare per strada era un atto di amore. Difficile trasmettere loro l'aria che si respirava fra i vicoli di una città che per una volta stava per prendersi una bella soddisfazione senza essere costretta a dire grazie a nessuno.

Guardai papà allontanarsi sulla Vespa e un po' lo invidiai, lui che era adulto e poteva viversi fino in fondo il giro di giostra. E invidiai pure mio zio, che a nemmeno trent'anni poteva salire sulla stessa carrozza di mio padre. Tornarono all'ora di pranzo, con i rullini pieni e il serbatoio della Vespa vuoto, e io mi feci raccontare tutto. Del pomeriggio, dopo la partita, invece, non ho ricordi, non so dove vissi la festa, so però che negli anni successivi il calcio divenne un aggregatore, il nostro modo di festeggiare tutti insieme, un'occasione per abbracciare un po' di più gli adulti, che ad abbracciare non sono mai bravi.

Perciò aspetto con trepidazione che arrivi finalmente questo benedetto terzo scudetto, per rivedere la città dipinta certo, per scendere di nuovo per strada, per tornare a scattare le foto dei vicoli, seppur con il cellulare. Per tornare, soprattutto, a uno di quegli abbracci istintivi e così veri che scaturiscono da un'esultanza, dalla gioia di un istante, quelli che ti portano fra le braccia di un padre troppo timido o di uno zio troppo distante.

Per permettere anche a mio figlio di godere di uno di questi abbracci.

Mio padre prima di me, mio figlio dopo di me

"La vita e l'assoluta mancanza di illusione, e quindi di speranza, sono cose contraddittorie," scrisse Giacomo Leopardi nel suo *Zibaldone*, lui che conosceva bene il valore della speranza.

Era il settembre dell'ottantasette, e faceva freddo. Già, ricordo che quella sera sugli spalti c'era un vento molto poco estivo. La sera di Napoli-Real Madrid, il Napoli di Maradona e Careca contro Butragueño e Valdano.

I sogni durarono poco meno di quarantacinque minuti, il tempo che El Buitre piazzasse la palla nell'angolino basso anticipando Garellik in versione bulldozer che gli si parava davanti. Eppure, per quasi quaranta minuti una città intera pensò che eravamo lì lì per farcela, solo un altro gol e avremmo agguantato gli spagnoli e poi, chissà, sarebbero arrivati i supplementari e i rigori, e forse li avremmo buttati fuori dalla loro Coppa, non dalla nostra, dato che era la prima volta che partecipavamo.

Invece sappiamo bene come andò a finire. Ma non è questo il punto, così come non lo è stato il risultato con il Real di un paio di anni fa, e nemmeno lo scudetto perso all'ultima giornata. No, non è questo il punto, non si tratta di scrivere sul Napoli o su una partita di calcio. Qui si tratta di parlare di quella strana cosa che Leopardi conosceva fin troppo bene e che a volte si serve anche del calcio, del pallone, come diciamo noi, per farci venire la pelle d'oca. Parlo sempre della speranza.

Cos'è la speranza? "Attesa fiduciosa, più o meno giustificata, di un evento gradito o favorevole." Così dice il dizionario. Più o meno giustificata. Ecco, è questo il punto. Il punto è che a volte a noi napoletani prende una strana euforia, un'arteteca che altro non è che voglia d'alluccà, come avrebbe detto Pino Daniele, desiderio di credere fino in fondo che domani andrà meglio.

Lo stadio che si riempie a Fuorigrotta (una sera di fine estate dell'ottantasette o una di inizio marzo di trent'anni dopo) si fa simbolo di questa inquietudine positiva e per qualche ora accoglie nel suo ventre la città trasformata in embrione pronto a crescere, la voglia bambinesca di potercela fare, persone legate l'una all'altra da un sottile filo invisibile tirato su proprio grazie a quel sentimento così nobile e, soprattutto, tanto partenopeo: la speranza, non importa se più o meno giustificata.

"Quando un uomo ha la speranza, ha in mano tre quarti della matassa," diceva quel genio di Bukowski. E aveva certamente ragione. È la speranza a muovere i nostri fili, la fiduciosa attesa di un evento positivo che migliorerà le cose. A Napoli sappiamo di cosa si parla, ci facciamo di speranza da secoli. Su quegli spalti di trent'anni fa a sperare in un secondo gol c'erano i nonni che ora non ci sono più, i padri che ora sono nonni e i bambini che oggi sono padri. E questo è un altro punto o, se vogliamo, ciò che mi preme ricordare, ciò che mi sorprende ogni volta, il fatto cioè che noi esseri umani (ma forse dovrei dire noi maschi) siamo proprio strani, spesso menefreghisti, ciechi e disillusi, ci trasformiamo per una semplice partita di calcio riuscendo a scorgervi quel briciolo di poesia che nella vita di tutti i giorni non sappiamo adocchiare. Già, poesia, e non è un termine inadatto o esagerato per l'occasione: come la vogliamo chiamare altrimenti quella voglia di crederci al di là di ogni giustificata ragione, il sapere che, anche se perdenti e delusi, tutta la speranza che abbiamo accumulato non andrà dispersa perché in realtà non si dissolve mai ed è come la genetica, passa insieme alla calvizie e a qualche strana allergia di padre in figlio?

La partita di Coppa con il Real, o il gol di Diawara con il Chievo all'ultimo secondo, non sono solo calcio, è un incontro fra migliaia di persone che nun se mettono paura di restare deluse, perché sanno che, pure se il Napoli dovesse perdere, grazie al coraggio e a una semplice partita di pallone, avranno passato un po' dei loro sogni ai più piccoli, avranno insegnato ai figli a sperare.

Più o meno giustificatamente, non importa.

Augh, Saluto raggiante

Lo sappiamo, a Napoli i soprannomi la fanno da padrone. Però, sarà colpa mia, non so, ma io non ho amici con 'sti grandi soprannomi. Invece giri per le strade e al primo semaforo ti imbatti in un annuncio mortuario che ti fa spuntare un sorriso. L'ultimo della serie non lo riporto per rispetto, ma si riferiva a una nota bibita sul mercato. Ogni volta mi viene da chiedermi come si è arrivati a quel soprannome, qual è stato il momento esatto in cui è nato, l'aneddoto al quale si ricollega, chi per primo lo ha inventato e perché è rimasto appiccicato alla persona per sempre. Ce ne sono decine di questi esempi per le strade di Napoli, cartelli funebri che riportano sotto il nome il vezzeggiativo affettuoso con il quale il defunto era conosciuto e riconosciuto in vita. Perché è questo che mi stuzzica e mi fa sorridere: l'idea che si tratti esclusivamente di un attimo di amore, un gesto di affetto, come tirare un pizzicotto sulla guancia a un bimbo.

Ho effettuato una piccola ricerca su internet e ne ho trovati alcuni. Mi si perdonerà se faccio riferimento a un caso specifico, ma è talmente bello da meritare una menzione: un'anziana soprannominata "Fravulella". Mi è sembrata di vederla questa signora, ho immaginato la sua giovinezza, bella e colorata come una fragola appunto, ho fantasticato sul marito che amava chiamarla così, e poi sulla sua famiglia, i figli e i nipoti. Mia nonna non aveva soprannomi, però mi sarebbe piaciuto se si fosse chiamata come quella signora, perché l'avrei potuta ritrovare ogniqualvolta mi accingevo a mangiare una fragola, avrei potuto ripensare alla bella donna che era stata, al suo sorriso affettuoso, al suo profumo di primavera.

Ci sarebbe da parlare per una vita di questa usanza che si tramanda da secoli, studiarla e approfondirla, come ha fatto l'amico e linguista di fama Federico Albano Leoni, che grazie a questi fantasiosi nomignoli ha studiato l'ortografia napoletana e le sue possibili implicazioni fonetiche, il rapporto tra parlato e scrittura insomma.

Ahimè, non ho la capacità e le basi per azzardarmi in simili discorsi, però posso dire che trovo ci sia qualcosa di profondamente poetico in tutto questo: la voglia di andare fuori dagli schemi, di superare nomi che spesso ci omologano anziché identificarci, il desiderio di unire un essere umano a un episodio realmente accaduto, a un particolare taglio del nostro carattere, a un pregio o a un difetto, la necessità di semplificare le cose e renderle al contempo più colorate e vitali, di sorridere di noi stessi, arte nella quale qui siamo maestri, la voglia di non abbandonare mai del tutto la storia, gli usi e i costumi che ci trasmettiamo di generazione in generazione.

D'altronde, amo gli Indiani, i nativi d'America, anche per questo, per la capacità che avevano di dare ai figli i nomi della natura, appellativi che richiamavano il vento, il fiume, l'albero, o un evento significativo (Nuvola Rossa forse era nato durante un tramonto). Erano poeti a loro modo, uomini capaci di guardarsi intorno, di ascoltare ciò che li circondava, di mischiarsi e diventare un tutt'uno con il creato.

Se fossi stato un Indiano (e non mi sarebbe dispiaciuto), forse avrei chiamato mio figlio "Pianto dirotto", visto che per i primi sei mesi ha pianto ininterrottamente, salvo poi ravvedermi e dargli il nome "Saluto raggiante", perché oggi non piange più e quando è felice e si sta divertendo corre a salutarmi euforico per poi tornare dagli altri bambini.

Il suo nome indiano sarebbe stato una potenza, l'immagine che si perpetua per sempre, anno dopo anno, il ricordo che non tramonta mai, l'aneddoto che sarebbe arrivato persino ai suoi nipoti, che un giorno avrebbero capito il perché un giovane (si fa per dire) uomo degli anni duemila aveva deciso di chiamare così il figlio.

Proprio come capiterà ai pronipoti di "Fravulella", ai quali sarà lasciata in eredità la storia di quella bella donna che odorava di primavera.

SALITE & DISCESE

Un'anziana nobildonna

Scrivere di Napoli non è facile, perché sarebbe semplice cadere nella sua trappola e parlare ancora una volta degli evidenti difetti che ormai sembra mostrare senza troppo imbarazzo. Invece io voglio stanare la città e parlare del lato che mostra con disagio, il suo antico splendore che a volte si premura di nascondere, quasi avesse paura che qualcuno possa rubarglielo. Perciò sento il bisogno di isolarmi per andare alla ricerca della sua vera identità, della sua millenaria storia, della sua nobiltà. Infilo il collare alla mia "cana" Greta e sono per strada.

Vivo sulla collina del Vomero, perciò in breve mi ritrovo ai piedi del Castel Sant'Elmo, unica fortezza a dominare la città dall'alto. "Dal piazzale vedi tutta quanta la città", diceva Pino Daniele in una sua meravigliosa canzone, ed è proprio così: mi affaccio al muretto e sotto di me ritrovo la Napoli più vera, con Spaccanapoli a tagliare il centro storico in due, il Vesuvio sulla destra che non riesce a prendersi tutta l'attenzione, e solo uno spicchio di mare. Da qui parte la più antica gradinata della città, la Pedamentina, quattrocento e passa scalini costruiti nel milletrecento con lo scopo di unire il Vomero al centro. La discesa costeggia i giardini e gli orti della Certosa di San Martino e offre vedute spettacolari.

Decido in un attimo: prendo il cane in braccio (altrimenti si bloccherebbe ogni due gradini, i bassotti sono pigri) e mi lancio per le scale. Ed è proprio mentre mi lascio rapire dal mare che luccica all'orizzonte che mi viene l'idea di scrivere di Napoli attraverso le sue scale, camminamenti antichi che tagliano i vicoli come tanti torrenti che scendono impetuosi a valle. Tra l'altro, molti di questi percorsi sono nati proprio grazie all'interramento di sorgenti e torrenti.

Per secoli ci sono state le scale a unire i quartieri e le persone in città, prima che l'asfalto e la tecnologia le facessero cadere nel dimenticatoio. Eppure sono lo stesso ancora qua, come volessero ricordarci che sì, abbiamo imparato a correre veloce, spostarci sottoterra e sbucare in pochi minuti dall'altra parte della città, ma al contempo abbiamo deciso di poter fare a meno della bellezza dello spostarsi, abbiamo dimenticato come guardare questa città, alla stregua di un marito superficiale che non si accorge più dei piccoli mutamenti sul viso della moglie. Perché Napoli è come un'anziana donna che si porta appresso con difficoltà i suoi anni, una nobile in parte decaduta che se ne va in giro con un cappotto dismesso ma che ai lobi indossa degli orecchini di opale e all'anulare un bel diamante luminoso. È una città che forse ha perso un po' di fiducia in se stessa e sembra provare vergogna a mostrarsi, ma che non ha rinunciato al piacere di curare i dettagli che la fanno sentire ancora bella.

Lungo le rampe che mi accompagnano verso corso Vittorio Emanuele scorgo una miriade di dettagli che mi costringono a fermarmi più volte per scattare una foto con il cellulare: a cominciare dai colori dei palazzetti liberty che digradano sulla collina, il rosso pompeiano e il giallo, o un lenzuolo azzurro steso ad asciugare su un filo sottile lì dove la gradinata si amplia per attorcigliarsi su se stessa, come una scala a chiocciola. L'erba si incunea a ogni passo fra le pietre di piperno e lungo i muri dei fabbricati nei quali si annidano i famosi bassi, case scavate nel tufo che accolgono vecchie signore dagli sguardi profondi. Su uno dei tanti gradini, invece, sostano a parlare due ragazzini che nemmeno immaginano di stare per finire nella mia foto che ritrae tutta Napoli appena dietro le loro schiene in primo piano.

Quando infine arrivo giù, le gambe mi tremano e Greta sta ormai brontolando, annoiata e infreddolita. Mi guardo dietro e vedo la Certosa in alto, che oscura il sole alle sue spalle. Potrei continuare a scendere, poco più in là, infatti, nascoste dietro un palazzo, partono le scale di Sant'Antonio ai Monti attraverso le quali raggiungerei in breve tempo il quartiere di Montesanto. Rampe molto trafficate alla fine del Seicento dagli ospiti del palazzo dei Principi Tocco di Montemiletto, edificio del quale non rimane che una splendida facciata sul corso.

Sono tante le scale da visitare: le scale del Petraio, Calata San Francesco, la scala di San Pasquale, Salita Moiariello, che permette di arrivare a Capodimonte a piedi. Oltre duecento percorsi pedonali naturali che negli anni sono stati anche oggetto di recupero e investimenti, per ridonare a Napoli uno dei suoi tesori più belli. Le scale rappresentano la contraddittorietà della città, fatta innanzitutto di salite e discese, come la sua millenaria storia, raccontano più di ogni altra cosa come il centro antico abbia sentito, nel corso dei secoli, la necessità di avvinghiare le colline dall'aria fresca, di portare i vigneti, gli orti e i giardini al servizio della città. Napoli è bianco e nero, è salite e discese, periodi di splendori e di buio, di "diagonali e passaggi segreti", come ci ricorda Edoardo Bennato, è andare, fuggire via maledicendola e poi tornare da lei in punta di piedi. È restare, resistere, tirare avanti e sperare che domani vada un po' meglio. Napoli è un'anziana nobildonna un po' dimessa che non ha perso il gusto di sentirsi elegante nei dettagli.

Al suo cospetto, perciò, non fermatevi a guardare gli abiti vecchi e smunti che a volte può essere costretta a indossare, ma lasciatevi rapire dallo splendore del diamante che porta al dito e fatele l'inchino che merita il suo nobile passato.

Un sampietrino è per sempre

Presto dovrebbe cambiare la pavimentazione alla Riviera di Chiaia, non più sampietrini ma asfalto, per la gioia (forse) degli automobilisti, che non saranno più costretti a impegnarsi in un safari, e anche dei residenti, che in tal modo godranno di un ritrovato senso di pace grazie al ridotto inquinamento acustico. Insomma, all'apparenza tutti contenti. All'apparenza, perché esiste una categoria di persone alla quale nessuno pensa e che con quei sampietrini invece ci campa, a loro deve la sua salvezza quotidiana.

Parlo dei neogenitori.

Io ho un bambino di tre anni e (pur incrociando le dita) ormai ne sono fuori, ma penso a quanti ancora ci sono dentro fino al collo, a quanti padri ogni sera sono costretti a uscire di casa per inoltrarsi per le vie solitarie della città nella speranza che i propri figli finalmente si lascino rapire dal sonno.

Che c'entrano i sampietrini? direte voi. C'entrano, eccome se c'entrano, perché l'auto, transitando sulle vie lastricate da questi basoli lavici, inizia a dondolare di qua e di là, come una culla smossa dalla miglior balia del mondo. E fa niente se la testa barcolla da un lato all'altro (tipo quei cani con la molla che si mettono sui cruscotti), fa niente se le schiene di questi poveri padri scricchiolano sinistramente a ogni nuova buca o duna, l'importante è che alla fine del lungo percorso si torni a casa con il bimbo fra le dolci braccia di Morfeo.

Esistono anche tour guidati che i genitori più assennati tramandano di generazione in generazione, praticamente una mappa stradale con le vie di Napoli più inguaiate, quelle da percorrere a tavoletta per intenderci. Provate a passare verso le dieci di sera di un lunedì qualsiasi nei paraggi di corso Vittorio Emanuele, in via Marina, alla Riviera appunto, oppure a via Costantinopoli, a via Santa Teresa degli Scalzi, a via Carbonara, a piazza Carlo III, troverete una sfilza di auto con alla guida genitori assonnati che portano in giro i loro pargoli.

E voi volete togliere a questi disperati l'unica soluzione al problema d'insonnia dei loro figli? Non voglio pensare che siate così meschini, perciò spero proprio che questa iniziativa della Riviera sia un qualcosa di unico e straordinario, anzi spero che sia solo una di quelle cose che si dicono e non si fanno mai, spero che non si pensi davvero di poter ampliare il progetto all'intera città, di asfaltare laddove possibile e lasciare così Napoli senza più le sue buche storiche.

Ma poi, vi immaginate il caos che si verrebbe a creare? Nascerebbero di certo associazioni di padri guidatori pro-sampietrino, cortei in corso Vittorio Emanuele, sit-in in piazza Carlo III con genitori disperati pronti a farsi asfaltare pur di non vedere eliminato per sempre il loro tragitto serale.

Ma non lo dico per loro, per i neogenitori, lo dico per tutti noi napoletani affezionati alle nostre cose, pure a quelle che non funzionano, noi capaci sempre di scovare il bello nel brutto, di girare a nostro favore una situazione infelice. Insomma, noi ai sampietrini vogliamo bene perché, come detto, soccorrono persone in difficoltà e anche perché ci aiutano a essere come siamo, imperfetti ma robusti.

"È vero, alle prime piogge scoppiano come tanti popcorn, che se stessimo in un paese normale, in un mondo normale, i buchi sarebbero tappati subito, perché è da sempre istinto dell'uomo cercare di colmare i vuoti. E, invece, qui i buchi non si chiudono, e sei costretto a scansarli, e così impari la regola base di questo luogo a dir poco unico: e cioè che nessuno camminerà un passo davanti a te per sigillare le voragini che ti si presenteranno sul cammino, dovrai essere tu a saperle scansare, una dopo l'altra. E se pure alla fine dovessi finirci dentro, fa niente, perché, in ogni caso, tramite un sampietrino saltato, la vita ti ha insegnato non tanto a schivare i fossi, quanto a saper ammortizzare la botta."

Ve la sentite di negare un simile insegnamento alle generazioni future?

Viaggio al termine della bellezza

Una domenica scendete giù in centro, cercate un palazzo nobiliare, uno qualsiasi, basta che l'enorme portone di legno massello a due ante sia aperto, e infilatevi dentro furtivamente. Al cortile interno accederete attraverso l'atrio, nel quale, con un po' di fortuna, potrebbero essere presenti dei pilastri in piperno sormontati da un arco decorato con volte stuccate a riquadri. O, nella migliore delle ipotesi, potreste essere scortati da due teste di leone in marmo poste ai lati del portale.

Una volta dentro, fate attenzione, vi troverete a camminare di certo su un lastricato ricoperto di basoli resi viscidi dalla pioggia o dall'umidità. Ora davanti a voi si estende un bel cortile cinquecentesco caratterizzato da una rapida successione di ambienti chiusi e aperti, con una scala a doppia rampa che appare e scompare dietro una struttura impostata su tre archi che si ripetono a ogni piano. Le finestre sono ornate con decorazioni in piperno e i balconi sono sorretti da mensole in pietra. Lo spazio in penombra quasi sicuramente sarà occupato da un paio di motorini che riposano sul cavalletto, su un lato farà bella mostra di sé la bottega di un corniciaio, un artigiano, o una vecchia tipografia, e sulla destra, invece, ci sarà per forza di cose la casupola di legno del portiere, con la foto di una persona anziana defunta in un angolo e l'immagine di Padre Pio dietro il vetro.

Fate due passi in avanti, semmai infilate anche le mani in tasca se vi va, e restate lì, immobili, col naso all'insù, ad annusare l'aria che sa di muffa e storia, mentre gli occhi si perdono dietro le linee simmetriche della scalinata e le orecchie seguono il vocio delle famiglie che si confonde con il rumore di stoviglie proveniente dal retro di un ristorante appena fuori il vico (o con il canto struggente di Pino Daniele, che sta intonando *Appocundria* da una finestra del primo piano).

Quando vi sentirete pronti, affrontate le scale, lentamente, un piano alla volta, e a ogni pausa affacciatevi a guardare il cortile sotto di voi prima di salire ancora una rampa, fino all'ultimo piano, generalmente occupato dalle piccole finestre di una mansarda. Qui il sole vi accecherà, perciò socchiudete le palpebre prima di infilare gli occhi nelle case della gente, sui vetri del soggiorno oscurati da tendine di pizzo ricamate, o su quelli della camera dei bambini, ai quali sono attaccati tanti animaletti colorati. Seguite con lo sguardo l'orlo di una ringhiera curva che sembra modellata dallo scirocco e puntate il tetto, oltre il quale si scorge mezza cupola di una chiesa, a due vicoli di distanza, e un terrazzino ingolfato di rampicanti che si mantiene lassù grazie all'aiuto del tufo prestato dai palazzi adiacenti, i quali si sostengono l'uno con l'altro non per togliersi luce a vicenda, ma per donarsi una spalla amica alla quale poggiarsi. Inspirate e guardate lo spicchio di cielo azzurro che fa da copertura al luogo incantato che avete rinvenuto, e chissà che proprio in quel momento non possa passare uno stormo.

Quando sarete pieni, tornate giù e godetevi ancora il cortile che vi accompagna all'uscita, ammirate di nuovo l'enorme portone di legno e il maestoso portale di piperno a tutto sesto ricoperto con bugne (che potrebbe anche presentare un timpano con decorazioni a riccioli) che serve a separare questo piccolo mondo antico da quello fuori, più grande e caotico.

Per strada c'è un altro palazzo, ancora un cortile, nuove scale. Decidete se inoltrarvi anche lì o se tornare sui vostri passi. In quest'ultimo caso entrate nel primo bar e consumate un bel caffè e un babà, possibilmente chiacchierando del più e del meno con il barista. Per ultimo fatevi incartare una pastiera e dirigetevi verso casa, per pranzare con la famiglia e guardare la partita alla televisione.

Avrete messo da parte un mucchietto di bellezza utile ad affrontare la settimana.

ACQUA & FUOCO

L'arteteca millenaria

Una coppia di amici residenti al Nord mi ha chiesto di accompagnarla in giro per Napoli, a conoscere le sue meraviglie, a vedere il mare soprattutto. Il mare, la cosa alla quale tutti pensano quando parlano di questa città. Nei viaggi per presentare i miei libri su e giù per l'Italia, in molti domandano cosa mi manca di più di Napoli: "il mare" vorrebbero sentirsi rispondere, me ne accorgo dagli sguardi. Io, invece, mostro loro il ciondolo che porto al collo e che non tutti riconoscono: è il Vesuvio, con accanto il monte Somma, due gobbe affiancate come dune del deserto. Non è vero che il mare a Napoli è per tutti, in realtà lo devi andare a cercare, può anche capitare di perderti nei meandri umidi dei vicoli dove nemmeno il sole riesce a infilarsi.

La Ortese diceva che il mare non bagna Napoli, e a me quel titolo provocatorio torna utile per ribadire che, in realtà, siamo una città di mare senza mare. Siamo pieni di mare, ma non possiamo farci carezzare da lui, se non grazie a un paio di lidi a Posillipo. Un bello spreco un lungomare senza spiaggia. E una contraddizione. Ma noi siamo la terra delle contraddizioni.

Perciò, se dovessi dire cosa davvero ruba lo sguardo e il cuore di noi napoletani, risponderei senza dubbio il Vesuvio, che se ne sta lì, immobile, ad accompagnarci durante il giorno, a svettare maestoso dietro un palazzo o la cupola di una chiesa. Siamo una città di vulcani prima ancora che di mare, terra calda che sfoga la sua rabbia, zolfo e gas, lava e roccia. E noi siamo lì, in mezzo a tutto questo, contornati da tutto questo. Popolo viscerale che nei millenni è diventato un tutt'uno con i suoi vulcani, popolo che ribolle come le sue fumarole e sedimenta allo stesso modo. Ci siamo costruiti la città con la lava stratificata nel corso dei secoli, una roccia friabile che si sfalda sotto le mani e ti lascia i polpastrelli giallognoli e pieni di polvere. È il tufo, nome latino piccolo e corto che riporta a qualcosa di profondo e spesso, antico e cavernoso. Il tufo che è ovunque, in quasi tutti i palazzi, perché difende dal freddo e dall'umidità e mantiene freschi d'estate, perché isola, è nei muretti, nei basamenti e nelle scale, nelle chiese e nei monumenti, nei sagrati e negli androni, nei quartieri nobili e in quelli popolari, nelle case aristocratiche e nei bassi.

È per lo più giallo, quello nato a causa dell'attività dei Campi Flegrei, formatosi dalla cenere vulcanica di colore biancastro, la famosa pozzolana, depositatasi in mare e poi emersa a seguito di pressioni tettoniche. Siamo abituati a essere circondati e protetti dal tufo, dal rigurgito millenario dei nostri crateri, abituati a vecchi scantinati giallastri che sembrano portare il peso della storia dentro i loro anfratti, abituati ai pozzi e alle gallerie scavate sotto i nostri piedi che raggiungono le profondità di questa terra così particolare.

Siamo figli di una precarietà millenaria che, forse, è la causa della nostra arteteca, pur'essa millenaria, la smania di andare, fare presto, che si rispecchia nel nostro vivere alla giornata, il "po' verimm", che è solo un altro modo di interpretare il *carpe diem*. Siamo fatti di lava noi, di silice, vetro e scorie, perciò ci fidiamo di quella montagna con le gobbe e ci siamo arrampicati fin sotto i suoi piedi, perciò ce ne fottiamo che un giorno, chissà quando, sentirà il bisogno di sprigionare l'energia che ha tenuto dentro per tutto questo tempo. Ce ne fottiamo e continuiamo ad ammiccarle da lontano.

Perciò in primavera, in una bella giornata di sole, non porterò gli amici sul lungomare, ma sul vulcano. Li farò sedere a una tavola apparecchiata in mezzo a un orto, con i piedi nella terra scura e i grappoli dei pomodorini del Piennolo appesi sulle loro teste, e sorseggeremo un bel bicchiere di vino rosso puntando lo sguardo alla vetta, dove cespi solitari di ginestre contente spargono da sempre l'aria di primavera sull'arida schiena del nostro Vesevo.

'A staggione a Napoli

A Napoli l'estate la chiamiamo 'a staggione (con due g), per distinguerla dalle altre tre, che pure stagioni sono in effetti, ma niente hanno a che vedere con l'estate, il tempo propizio per eccellenza nel quale la gente si riversa per le strade (in realtà qui accade tutto l'anno), il periodo da dedicare finalmente al sole e al mare, all'amore e ai libri (si spera), alla tintarella e alla dieta (che proprio d'estate, in realtà, diventa impossibile seguire per via del turbinio di cerimonie, quel mix di matrimoni, battesimi, comunioni che nel giro di dieci giorni ti fa stipare sull'addome tutto il grasso necessario per far fronte all'inverno).

Già, però che volete che sia, 'a staggione è bella, mette allegria, il caldo, le espadrillas ai piedi, i bermuda, gli short (adesso si chiamano così), altro che il grigio e il gelo invernale, si può prendere il motorino e godere del vento in faccia, dormire con la finestra aperta così che l'aria fresca della notte baci le lenzuola, e fa niente se sotto al palazzo c'è quel maledetto bar dove i ragazzi restano a ridere e gozzovigliare ogni santa sera fino alle tre del mattino, fa niente anche che il refolo notturno non te lo puoi godere fino in fondo perché le zanzare ti spilluzzicano un po' alla volta e la mattina ti svegli con la pelle scorticata come se fossi un kebab. Fa niente pure se ogni tanto si infila in casa una blatta, alla fine pure loro devono campare, povere bestie, spuntano dai tombini a giugno perché là sotto non si respira e tornano a nascondersi nella parte buia della città solo a ottobre inoltrato. Fa niente, piccoli fastidi da sopportare pur di godere della staggione, con due g ovviamente.

E poi, vuoi mettere, la città si svuota, e allora spostarsi diventa semplice, finiscono le scuole, diminuisce il traffico e Napoli d'improvviso sembra quasi diventare una metropoli a misura d'uomo. E non importa se non trovi più un salumiere aperto o un bar al quale chiedere un po' d'acqua (che i turisti si arrangino da soli portandosi dietro delle borracce), o se l'unica farmacia notturna si trova dall'altra parte della città; le strade sono libere, dicevamo, perciò a muoverti ci metti un attimo. A meno che non ti imbatti in un nuovo cantiere. Già, durante la staggione spuntano come funghi in ogni quartiere, la sera non esistono e la mattina dopo ecco che è tutto un susseguirsi di reticolati arancioni, segnali, buche, asfalto rimosso, sampietrini saltati, strade interrotte, chiuse o a una corsia. E va be', piccoli disagi. Come le corse degli autobus tagliate e le funicolari che funzionano a mezzo servizio. Fa niente, la voglia di stare insieme e di godere delle bellezze che Napoli offre in questo periodo dell'anno resta comunque intatta, e allora tutti sul lungomare a mangiare una bella pizza, oppure a un concerto in piazza del Gesù, a Castel Sant'Elmo o al Maschio Angioino, altrimenti si può andare al parco di Capodimonte.

Insomma, per quel che riguarda le attrazioni, 'a staggione napoletana si fa trovare pronta. È sul mare che le cose tornano a complicarsi. Ok le mostre e i concerti, ma durante il giorno, nelle mattinate assolate, dove trovare un po' di refrigerio se non su una bella spiaggia? I posti sono sempre quelli, Marechiaro, i lidi di Posillipo, la Gaiola (sì, dicono ci sia l'amianto), avamposti presi d'assalto da chi resta in città (perché non è proprio vero che Napoli d'estate si svuota, sarebbe più corretto dire che si sposta, dalle colline e dai vicoli del centro verso il mare). E allora, anche qui ci sono i soliti piccoli disagi da sopportare, lo stress del parcheggio e dei parcheggiatori abusivi, il caos, i lettini stipati uno in cuollo all'altro, cose così.

Ma tanto fra poco arriverà la bonifica di Bagnoli, e allora... Nel frattempo è stata aggiunta nuova sabbia (separata con dei teloni da quella vecchia piena di idrocarburi) alla spiaggia. Certo, fare il bagno resta pericoloso perché le acque sono giallognole e ancora contaminate, ma una bella e rinfrescante doccia non ce la negheranno di certo.

Piccoli disagi.

Comm' è bella 'a staggione a Napoli.

La neve a Napoli

Avete mai visto la neve a Napoli o, meglio ancora, la neve cadere nel cratere del Vesuvio? Minuscoli fiocchi che ondeggiano nell'aria senza posarsi, come farfalle bianche che si rincorrono per superarsi su una spiaggia d'estate, con sullo sfondo, però, il paesaggio tetro e asfissiante del vulcano e non il mare azzurro. Sembra proprio una danza gioiosa la loro, un ballo rispettoso, quasi un omaggio al "Grande che dorme", e immagino come sarebbe bello se quel volteggiare senza senso fosse accompagnato da *La gazza ladra* di Rossini o da un *Notturno* di Chopin, che contribuirebbero a portare ulteriore candore.

Candore, già, proprio quello di cui avremmo bisogno, uno sguardo candido, persino ingenuo se vogliamo: distendere il respiro, i pensieri, dissipare la rabbia che sembra invadere tutto e tutti, silenziare l'odio, i giudizi, le prese di posizione a prescindere, ammutolire la gente che condivide sui social sempre e solo avversione, sospetti, malaffare, razzismo, fake news.

Io me ne sto in disparte, per i fatti miei, a guardare il mondo con sguardo ingenuo, ad accorgermi dell'invasione a Scampia dei parrocchetti, variopinti pappagalli che chissà come e perché hanno deciso di portare colori, allegria e canto in un posto che di colori ne ha pochi, e anche con l'allegria non va proprio a braccetto. Sbircio le notizie e mi accorgo di quelle navi d'epoca romana trovate tanti anni fa a piazza Municipio e che sono conservate, in attesa del restauro, in una grande vasca piena di acqua in un deposito a Piscinola, e mi viene da pensare che l'uomo è capace di prendersi cura delle cose belle, lo fa da sempre, e che in fondo tutto ciò che abbiamo di prezioso è quello che ci è stato tramandato dalle generazioni passate, e a noi spetta il compito di fare altrettanto, consegnare ciò che non ci appartiene, ciò che di pregiato ci hanno donato, e dobbiamo essere premurosi e diligenti nel farlo, perché non ci sarebbe peccato più grave che affidare ai nostri figli una bellezza sporcata, un mondo insudiciato, peggiorato, pieno di lividi e rabbia.

Voi pensate alle vostre beghe, io continuerò a coltivare il mio sguardo ingenuo. Continuate a postare e a condividere la bruttezza, io mi faccio da parte, mi faccio i fatti miei. E continuo a invitarvi a guardare le cose con più innocenza, per tornare ad avere gli occhi di un ragazzino per esempio, per accorgervi di quanto è potente questa prospettiva.

DENTRO & FUORI

Le botteghe, rifugi dell'anima

Se n'è andata in silenzio, come era vissuta, Concetta Ferrigno, nota come Titina, la signora dei fiori. Sordomuta dalla nascita, ha vissuto un'esistenza lunga, sempre in prima linea, nella bellissima e piccola bottega di San Gregorio Armeno, a realizzare e vendere fiori di carta per la gente del quartiere e per i turisti che visitavano stupefatti il suo mondo colorato.

"Bottega." Una parola bellissima e antica, pregna di significato e memoria, che racchiude il ricordo di un tempo che non c'è più e che, a dirla tutta, ci manca tanto, un'Italia fatta di piccoli onesti lavoratori che amavano il loro mestiere, "la fatica", e ci mettevano cuore e passione, chiusi nel retrobottega a cucire, battere il tacco di una scarpa, dipingere, modellare, tagliare, creare, con l'ardore negli occhi e il sudore sulla fronte aggrottata. Gente che credeva in quel che faceva e ci metteva amore, conquistando gli altri, che se ne accorgevano e li ripagavano. Gente come Titina, con il suo piccolo, caotico, coloratissimo e silenzioso orto, che ha riempito di fiori e steli, di carta e nylon, il minuscolo paradiso che affacciava sulla strada, in uno dei tanti vicoli nel ventre di questa città che, per fortuna, ha ancora memoria e rispetto per la sua storia e la sua cultura millenaria.

Napoli è piena di botteghe fra le sue viuzze, piccole stanzulelle scavate nel tufo al cui interno un artigiano si dà da fare e nemmeno alza lo sguardo mentre entriamo per dare una sbirciatina (perché è abituato alla curiosità degli altri, e perché deve lavorare sodo se vuole che il suo fragile sogno continui a germogliare). Sono piccole caverne che si fanno rifugi dell'anima, le botteghe, luoghi nei quali possiamo abbandonare lo sguardo e perderci negli oggetti e negli odori: la colla, la pelle, il cuoio, il ferro lavorato, gli acrilici, l'aroma denso del legno, e quello dei tessuti.

Sono posti magici, intrisi del desiderio di chi li visita e della smania di chi li abita. Sono il nostro passato, ciò in cui abbiamo eccelso, la nostra scuola che ha sfornato i più grandi maestri del Rinascimento, che andavano "a bottega" dai loro mentori. Sono una parte essenziale della cultura di questo paese, simboli della nostra bravura nel produrre arte anche nella sua forma più piccola; che poi l'arte non è mai piccola perché si ciba sempre e comunque dello spicchio di nobiltà dell'essere umano, la sua voglia di non passare inerme sulla terra, di lasciare un segno, di urlare che c'è, con i suoi sogni, con il suo saper fare anche una sola cosa, ma saperla fare bene.

E in una società come quella attuale, nella quale a tutti è richiesto di essere preparati in tutto e di conoscere ogni cosa, le botteghe ci riportano proprio a un tempo nel quale bastava saper fare una cosa sola, anche minuscola, ma saperla fare bene, per trovare un posto nel mondo.

È l'insegnamento che ci ha lasciato Titina, l'esempio che ci danno ancora oggi i pochi artigiani rimasti, gli artisti, i maniscalchi, i sarti, gli orafi, i fabbri, ma anche tutti i "piccoli" lavoratori, quelli, insomma, che dell'onniscienza proprio non sanno che farsene e mettono tutto se stessi nella passione che li muove. Di modo che la bottega continui a fiorire, a produrre, a restare in piedi, a far meravigliare la gente. Di modo che questi rifugi dell'anima, ponti di cultura e storia, non chiudano i battenti e il paese conservi la memoria del suo passato.

Napoli, anche in questo, è un passo avanti.

I professori di questa città

'O professore è morto a novant'anni nella sua casa sommersa dai giornali. Viveva in un appartamento storico in zona Museo, da solo, non si era mai sposato e non aveva figli. E non era nemmeno professore, lo apostrofavano così gli amici e i vicini, in modo affettuoso, perché, lo sapete, qui da noi le persone curiose e amanti della vita, appassionate, sono elevate subito a professori. Si chiamava Claudio Savarese, da quanto dicono non aveva mai avuto un lavoro vero e proprio, però possedeva due forti passioni: la lirica e la carta. Ascoltava l'opera, collezionava vinili, libri, giornali, non aveva orari e mangiava dove gli capitava. Aveva tramutato la sua antica e signorile abitazione in un bosco di parole, una lussureggiante foresta di alberi secolari di carta formatasi grazie all'accumulo.

Immagino questo signore impettito, che si porta bene gli anni appresso, camminare nel centro storico e rincasare fra i suoi viali di inchiostro, immagino le sue giornate silenziose e spesso uguali, le nottate che finivano sempre più presto; immagino i suoi piccoli rituali, il caffè, la buona musica, una chiacchiera all'angolo, e poi il giornale, i giornali. Chissà quando ha iniziato a collezionarli, quando ha posato la prima pietra angolare nel salotto. I medici parlano di bisogno di accumulo, una malattia ossessiva. Più che una malattia, a me sembra solo un modo di colmare i vuoti.

Non so se il professore fosse sazio della sua vita vissuta, non so quanti di noi, con fobie più o meno ossessive, siano nascosti dietro porte chiuse a chiave e lucchetti fatiscenti. Quanti abbiano smesso di provarci e si siano rintanati nei loro boschi. Succede per lo più a chi si porta dietro troppi sogni dall'infanzia, ai disillusi, quelli ingannati dalle promesse, che non hanno mai smesso di credere nella bellezza, di cercarla, quelli che proprio non riescono a tirare avanti alla buona, senza particolari passioni ed evitando di porsi troppe domande, quelli che a fare a botte con la vita non son capaci, e allora compiono un passo all'indietro e si dileguano, chiudono a doppia mandata la porta di casa e lì, in quell'angolo nascosto alla vista dei "normali", coltivano il loro mondo interiore fatto di silenzi e parole non dette, abbracci mai dati, sorrisi dimenticati. Sono semplici malati di vita in fondo, avidi di conoscenza, i professori, a volte dispensatori di saggi consigli e incapaci, però, di essere altrettanto convincenti con se stessi. Sono quelli che ci hanno pure provato, ma alla fine hanno capito che no, a loro proprio non piace questo mondo, meglio infilarsi in storie diverse e più colorate, meglio assaporare il dolce sapore di un'opera d'arte, meglio accumulare la vita e la bellezza in uno scrigno da aprire a piacimento, lontano da occhi indiscreti.

Le nostre città sono piene di questi nobili Don Chisciotte armati solo del loro entusiasmo, che non sempre serve a parare un tradimento. In ogni condominio c'è un professore appartato dietro a una porta chiusa, un'anima indomita che non sa stare alle regole (quali regole?) e allora fiorisce da solo.

Non sono sicuro che il signor Savarese fosse così come l'ho descritto, però sono certo che le cose vere e preziose si annidano nei cuori deboli, e sono pure convinto che, se questa città avesse meno "professori", perderebbe gran parte dei sogni che le ribollono nel ventre.

'O professore è morto nel suo fitto bosco di parole, forse come si augurava, domani un altro sognatore, in un posto lontano, lo raggiungerà e dopodomani qualcun altro, in uno stabile di tufo dietro a un vicariello umido del centro, chiuderà la porta a doppia mandata e poserà la sua prima pietra angolare, in attesa di passare un giorno dall'altra parte, per vedere se almeno di là ai professori sia permesso fiorire alla luce del sole, davanti a tutti.

La bellezza fa il suo giro

Napoli, Villa comunale, una domenica di metà ottobre. È stesa sul prato, le braccia al cielo a sorreggere il libro, lo sguardo che vaga curioso fra le parole. Intorno a lei, una brezza calda di fine estate accarezza gli alberi e inizia a sradicare qualche foglia, i bambini volano e s'inzaccherano d'erba, e le coppie si regalano sorrisi che sanno di primavera. Ma lei non sembra accorgersi di tutto ciò, rapita dal piccolo paradiso fatto di carta e inchiostro sul quale si sta arrampicando, timida, una piccola coccinella. Muove solo un attimo il capo per spostare lo sguardo e ripararsi dal raggio di sole che è riuscito a vincere le resistenze della grossa quercia appostata dietro di lei (aggrappata al terreno come un polpo alla sua preda) e ora punta proprio i suoi occhi, quasi volesse distrarla per mostrarle la bellezza che la circonda e che lei sembra non scorgere.

Pochi minuti e un soffione atterra piano tra le pagine, impedendole, stavolta sì, di proseguire la lettura. Lei lo caccia via con un breve schiaffo della mano, ma il soffione, dopo un breve mulinello, torna a distendersi fra le parole. Allora la ragazza soffia quasi divertita e resta a osservare l'intruso che vola a posarsi sui capelli color rame di un giovane seduto qualche metro più in là, il giubbino di pelle adagiato sul prato e una pallina in mano pronta a essere di nuovo lanciata al

Jack Russel che attende con la lingua penzoloni e lo sguardo vispo. Lui allontana il batuffolo con un gesto simile a quello che ha compiuto lei poco prima, ma quello non demorde, fa un largo giro vorticando nell'aria prima di riprovare l'atterraggio, proprio sotto le narici del ragazzo, il quale arriccia il naso e non può fare a meno di lasciarsi vincere da un vigoroso starnuto che respinge, infine, il soffione lontano sull'erba.

La scena è buffa e lei non riesce a non ridere, cosicché lui si volta d'istinto e si accorge della sua presenza. I due si fissano per un istante e si scambiano uno schivo accenno di entusiasmo, poi lei torna a piantare le pupille nelle pagine. Lui accarezza il cane, ora sedutosi in attesa, poi, dopo un breve momento di riflessione, salta in piedi, strappa un altro soffione all'erba e s'incammina deciso verso la ragazza, la quale continua a leggere fino a quando lui si accovaccia al suo fianco e le porge il fiore. Finalmente lei si volta e i due, baciati da un refolo di luce carico di pulviscolo, si sorridono ancora e, forse, capiscono di volersi conoscere.

Sono talmente presi l'uno dall'altra che non si accorgono del cane che aspetta paziente il nuovo lancio, neanche sentono le risa di un bimbo che insegue un piccione dietro di loro, nemmeno si girano quando il soffione, risucchiato dal vento, vola via dalle mani di lei, a destare altre persone.

La bellezza gira nell'aria in questa città.

A noi il compito di farci leggeri, così da essere rapiti dalla sua brezza.

È un fatto di sentire

Per quasi quattro anni ho corso tre volte a settimana. Ho iniziato come tutti, perché avevo la pancetta da quarantenne annoiato, anche se quarantenne allora non lo ero.

I primi tempi è dura, sembra impossibile resistere, l'aria che ti manca nei polmoni, le gambe che ti fanno un male cane, il freddo, tutto sta lì a frapporsi fra te e il tuo unico obiettivo: dimagrire. Poi passano le settimane e ti rendi conto che dimagrire dimagrisci, ma c'è dell'altro, molto più di quel che pensavi: il fiato inizia a sorreggerti, le gambe cominciano a sfilare veloci, la pancia scende e, se ti alzi di colpo dal letto, non avverti più quella fastidiosa tachicardia. E allora ti svegli la domenica presto, quando le strade sono ancora deserte e le auto ricoperte di brina, e vai, in salita, con il cappellino di lana in testa, alla ricerca di uno spicchio di mare in lontananza, mentre il primo sole ti scalda le spalle.

Volare è ritenuto da tutti la massima sensazione di libertà possibile, e forse è così, non so, io soffro di vertigini e prendo l'aereo solo imbottito di tranquillanti, ma credo che la corsa, da questo punto di vista, sia molto sottovalutata. Se dovessi dire perché ho corso per quattro anni, e perché prima o poi tornerò a farlo, è proprio per provare quella sensazione di assoluta libertà che ti assale anche quando ti trovi su un marciapiede pieno di buche, a fare lo slalom fra i paletti, le auto e le pozzanghere.

È un fatto di "sentire" la corsa, come d'altronde la vita. Sentire il sole che nasce sulle tue spalle appunto, sentire la pelle che si punteggia di tanti piccoli rilievi quando sfili davanti al Vesuvio appena sveglio, sentire l'odore del mare che ti si infila nelle narici e ti scorta lungo via Caracciolo, sentire il corpo reagire a ogni passo, sentirlo tuo, colmo di energia, e poi sfiancato, liberato, sudato, stanco. Tutto questo altro non è che un modo, anche semplice a dire la verità, per nutrirsi di ciò che ci circonda, per sentire di essere vivi (nell'accezione più grande del significato), una cosa preziosa alla quale spesso non dedichiamo la meritata attenzione.

Mentre la domenica mattina correvo lungo via Manzoni, io mi sentivo vivo, nel bosco di Capodimonte mi sentivo vivo, sul lungomare mi sentivo vivo, e nello stadio Collana mi sentivo vivo. E come me, credo, tutti gli altri "pazzi" che giravano in tondo per un'ora sulla pista d'atletica, nonostante il vento gelido che ci sferzava il viso. Ci sono tanti modi, per fortuna, per abbandonarsi, per nutrirsi, per mettersi in ascolto e cercare, così, di dare un senso a questa piccola grande cosa meravigliosa e faticosa che è la vita, e la corsa (come ogni altra forma di sport) è uno di questi.

Con il Collana chiuso e in stato di abbandono non restano fermi al palo "solo" ottomila atleti, si vieta a tante persone di dedicarsi a questo nobile "sentire", si contribuisce ad allargare quella pericolosa macchia d'olio che molti chiamano noia e che, invece, è qualcosa di più grande, più profondo, più grave, ed è la nostra incapacità di entrare in contatto con noi stessi o, almeno, di provare a farlo.

Non prendersi cura dello stadio Collana non è solo un atto di cattiva amministrazione, è un andare contro questa forza vitale, ostacolarla.

È uno sgambetto.

Gli odori di Napoli

Non c'è nulla che solletichi la memoria più dei profumi. Un odore improvviso che ci giunge sotto il naso risveglia ricordi di un tempo lontano, ci catapulta di nuovo in quell'istante che abbiamo trascorso e messo da parte, in un angolo remoto del nostro cervello. Lo facciamo spesso, purtroppo, consumiamo e andiamo oltre, dimentichiamo, vittime quasi inconsapevoli di questa ingordigia del vivere, del fare, di conquistare, che spesso ci costringe ad abbandonare strada facendo emozioni importanti.

Napoli, come ogni metropoli (ma forse di più), è piena di odori di ogni tipo, soprattutto nei periodi di festa gli aromi si uniscono e si impastano, dando vita a un'unica fragranza che avvolge i quartieri e si infila sotto gli stipiti delle case. A volte Napoli odora di zucchero filato. Passeggiando per il centro ci avvolge una brezza di profumo dolce che ci porta davanti agli occhi l'immagine di noi bambini che affogavamo il viso dentro quella dolce e soffice nuvola, che poi restava sulle guance per tutto il pomeriggio. In via Toledo, nei giorni di Natale, con un po' di attenzione, oltre all'inconfondibile odore di zucchero, si può avvertire anche il profumo delle mandorle tostate, dei roccocò e degli struffoli.

Siamo una città cosmopolita, ospitiamo da sempre senza sforzo popoli e culture molto diverse dalla nostra, eppure gli odori che ci rappresentano rimangono sempre gli stessi, quelli propri di questa terra, fragranze che ci ritraggono più di quanto crediamo o accorgiamo e che ci descrivono forse anche meglio di una fotografia o di una guida turistica. L'odore del pane infornato, delle brioche e delle graffe che si sente nei vicoli di prima mattina (e che per certi versi ricorda quello di alcune stradine parigine dove possiamo comprare le famose baguette), l'odore denso di polpo che emanano le pescherie dei mercati, quello di fritto che ti avvolge la domenica mentre cammini in un vicolo silenzioso tagliato a metà da una lama di sole riuscita a farsi strada chissà come fra la cupola di una chiesa e la parete di un fabbricato. L'odore di pizza, che è ovunque, quello delle sfogliatelle, che ti solletica le narici quando passi di corsa davanti a una pasticceria, e il ragù, che è forse l'aroma che più ci fa sentire a casa. Come capita ai cani, che avvertono un'essenza dolce e accogliente davanti alle persone care. Ci hanno fatto addirittura un profumo all'odore di ragù, quella salsa scura che ribolle per ore schizzando di rosso sangue le nostre cucine. È profumo di famiglia, e non può che essere buono. E poi c'è l'odore inconfondibile del tufo, una miscela cavernosa che ai più potrebbe ricordare la muffa e che invece a noi fa pensare all'infanzia, trascorsa su un muretto, le ginocchia fuori e le mani a scorticare la pietra gialla che ci sostiene. A volte il vento mi porta sotto il naso l'odore di qualche torrefazione di caffè, che nei bar, al contrario, non sempre riesco a sentire. Eppure nelle abitazioni dei napoletani l'aroma che sale borbottando dalla moka riempie in un attimo gli spazi.

A Pasqua è tutto un effluvio di fiori d'arancio, il primo vento caldo spande zaffate provenienti dai banconi delle pasticcerie e dai davanzali sui quali riposano le pastiere avvolte dentro agli strofinacci. E poi c'è l'odore dei platani bagnati in autunno, e quello delle carcioffole arrostite sulla brace a ogni angolo, il profumo delle caldarroste e delle alici fritte, dei babà e delle mele annurche, l'odore di colla delle piccole botteghe del centro e quello di legno stantio negli androni dei palazzi storici.

Qualche mattina, però, ci si sveglia anche con la solita esalazione di zolfo della solfatara, e in alcuni giorni d'inverno l'odore del mare, un misto di sale, catrame e sabbia umida, si spinge fin sopra le colline.

Forse per ricordarci di cosa siamo fatti.

Acqua e fuoco.

REGOLA & ECCEZIONE

Spegnete i semafori in città

Pare che in Francia, a Parigi, stiano per imitare una nostra idea geniale, quella di spegnere i semafori in città. Sembrerebbe una bufala, ma non lo è. A Napoli da un po' di tempo la polizia municipale ha notato che senza semafori la viabilità migliora. È accaduto nella zona della stazione: un giorno i semafori si sono guastati e da quel momento il traffico è diminuito. D'altronde, che quei vecchi pali arancioni siano più che altro un intralcio alla viabilità se ne sono accorti tutti, tanto è vero che negli ultimi anni sono spuntate un po' ovunque le rotonde. Il fatto è che a Parigi ancora non si fidano: possibile mai che, senza ordine e disciplina, le cose vadano meglio?

Il quesito parrebbe legittimo, e io non saprei proprio cosa consigliare ai cugini francesi, qui le cose funzionano senza un ordine preciso, ma noi siamo particolari, abituati da sempre a vedercela da soli, ad autogestirci, non abbiamo bisogno di guide, semafori, stop, polizia municipale e quant'altro, ce sapimm' organizzà. Arrivati a un incrocio, infatti, un po' tutti diventiamo vigili, fai passare quello, aspè, nun te mover', vai, passa primm' tu. Insomma, occorre poco per sbrogliare un ingorgo, un colpo di clacson, un allucco, a volte basta persino un piccolo movimento del capo per far capire a chi è nell'altra corsia chi deve transitare per primo. Siamo abituati a campare così, a fare le cose di fretta, a sbrigliarcela senza troppi problemi, anzi a collaborare per il fine comune (parlo di traffico, eh), che è quello di non restare in mezzo alla carreggiata, perché noi tenimm' semp' 'na cosa 'a fa e non ci va di perdere tempo. A Parigi non so se funzionerebbe, non so se i francesi saprebbero essere così collaborativi, se, come noi, abbiano imparato a cooperare (parlo sempre di traffico, eh), potrebbe anche darsi che si mettano a litigare per ore su chi deve passare. Qui no, qui si bisticcia per altro, qui sappiamo benissimo che tanto prima o poi circoliamo tutti. Quindi i miei complimenti vanno alle autorità che hanno finalmente capito che i semafori a Napoli non funzionano. Certo, ci si poteva arrivare anche prima, bastava chiedere ai tassisti o a un automobilista qualsiasi.

Ora, per completare il piano e risolvere il problema traffico nelle strade una volta per tutte, occorre un'ultima coraggiosa mossa: abolire anche i vigili urbani. Non me ne vogliano i poveri vigili napoletani, non è certo colpa loro se le cose funzionano in questo modo assurdo a Napoli, è la città a essere particolare, l'ho detto, è questo popolo che deve fare sempre di testa sua. Ogni capa è 'nu tribunale, dice a tal proposito un noto proverbio di questa terra.

Cosa pretendiamo allora dai vigili, già costretti a restare tutto il giorno in piedi, in mezzo al caos e allo smog, e ad avere a che fare con gli automobilisti, una delle peggiori categorie umane? La responsabilità non è certamente loro, ripeto, ma di questa metropoli abituata ad andare troppo veloce rispetto al resto del mondo, addestrata a risolvere i problemi a modo suo e solo quando le va, incapace di farsi comandare e, soprattutto, di aspettare con un po' di pazienza. Se ci fate attendere diventiamo nervosi, scostumati, nevrotici, e allora sì che iniziamo a litigare per chi deve passare per primo e si blocca tutto. I vigili napoletani destiniamoli ad altri compiti importanti, alla protezione, al soccorso, all'informazione, alle funzioni giudiziarie e amministrative, usiamoli anche, come ho letto tempo fa, per sorvegliare e gestire eventi organizzati da privati, i quali, dietro pagamento, possono usufruire dei servizi della polizia municipale. Ma per quel che riguarda la regolamentazione del traffico, sentite a me, lasciamola in autogestione ai cittadini, che si fa prima.

Si capisce che la mia è una provocazione? Che sto scherzando? Non è che i seri francesi mi prendono alla lettera?

Nel caso, io nun voglio sapé niente.

A me piacciono le stelline

Si sa, noi napoletani amiamo i botti, e ogni anno, giunti all'ultima settimana di dicembre, impazzano gli appelli delle istituzioni che invitano a sparare con moderazione e, soprattutto, a usare fuochi legali. Sarò pure fuori moda, ma io non amo particolarmente i fuochi d'artificio, e dopo dieci minuti passati con il naso all'insù mi sorprende uno sbadiglio. Questo, ovviamente, è solo il mio parere personale, anche se già immagino gli affezionati della pirotecnica annichilirmi con una serie infinita di teorie sull'arte che questa rappresenta e sullo studio dietro a quelli che noi napoletani, con poca fantasia, chiamiamo appunto botti.

La pirotecnica unisce quest'arte e questo studio per la fabbricazione dei fuochi d'artificio a fini di divertimento e spettacolo, e le sue radici risalgono addirittura all'antica Cina, nell'VIII secolo. Una tecnica, insomma, che ha lo scopo di intrattenere e stupire gli increduli spettatori di turno attraverso luce, rumore e fumo. Sono questi, infatti, gli ingredienti che non possono mai mancare: luce, rumore e fumo.

Solo che a Napoli l'ordine è invertito, qui è il rumore a farla da padrone, subito seguito dal fumo, che si alza in cielo dopo che il boato ha squassato il quartiere. La luce, invece, è un elemento del tutto secondario; se vogliamo i fuochi luminosi, andiamo sul lungomare, assiepati uno in cuollo all'altro, ad ammirare il mare ai piedi del Castel dell'Ovo che inizia a baluginare di mille colori fin sotto la collina di Posillipo, a ricordare un quadro di Monet. Ma nei vicoli, dove spazio per guardare in alto ce n'è poco e tempo per innamorarsi dell'Impressionismo ancora meno, la guerra, perché di guerra si tratta, non è a chi rende la strada e la notte più luminosa, no, la guerra è a chi fa il botto più grosso, a chi se mett' 'a copp'. Devono tremare i palazzi, insomma. Più il botto è potente e più incute timore nell'avversario, più è dirompente il fragore e maggiore sarà il rispetto acquisito. Qui l'ammirazione di molti (ma non di tutti, per fortuna) è per chi spara forte, per chi rischia di ammazzare qualcuno con un ordigno, per chi ci rimette una mano nel tentativo di dimostrare agli altri di "tenere le palle", e lascia il petardo solo all'ultimo istante.

Nella nostra amata e odiata città a volte a essere contorto è innanzitutto il concetto di rispetto. E in nome di questo valore deviato, allo scoccare della mezzanotte del 31 assistiamo ogni anno a una nuova guerra civile, gli uni contro gli altri, a chi se mett' 'a copp'.

Io mi tiro fuori. A me non piacciono i botti, l'ho detto. Però mi piacciono le stelline, quei simpatici bastoncini che proiettano scintille tutt'intorno e mi ricordano l'infanzia.

C'è qualcuno che vuole guerreggiare con me a chi riesce a tenerne di più in una mano?

Una legge ad hoc per Napoli

Ricordate quando si circolava sui motocicli senza casco? Non parliamo mica di una vita fa. I primi tempi a Napoli la gente non aveva ancora capito bene come funzionavano le cose, d'altronde qui abbiamo tanti di quei pensieri che mica possiamo stare dietro all'iter di una legge, alla Gazzetta Ufficiale e a tutte quelle robe strambe. Nonostante la normativa, infatti, i napoletani continuavano a fregarsene, tanto che il fenomeno si è poi trasformato come sempre in uno stereotipo e al Nord si divertono ancora a catalogarci come gente che non usa il casco, il che, a essere sinceri, non è vero. Certo, capita ogni tanto di imbattersi in qualcuno che non sa nulla dell'entrata in vigore della legge, ma sono casi isolati: girare senza casco a Napoli non è la regola, ci abbiamo messo un po' più degli altri per capirlo, ma alla fine ce ne siamo fatti una ragione.

Perfetto, tutto è bene quel che finisce bene, e la sicurezza delle strade, seppur con un po' di ritardo, è stata garantita anche qui. Purtroppo, però, oggi il pericolo che incombe sui napoletani non viene più dall'asfalto, ma dal cielo. Basta una giornata di pioggia o una raffica di vento più forte perché un albero ti caschi sulla testa.

Ultimamente ne è venuto giù uno al Vomero, davanti a una scuola elementare, e hanno dovuto chiudere la Villa comunale per pericolo di crolli. Senza contare che i giardinetti di via Ruoppolo sono rimasti inagibili un anno in attesa che qualcuno mettesse in sicurezza l'area controllando lo stato della vegetazione. La situazione è di massima allerta. Come fare allora per campare sereni?

Potremmo recidere tutti gli alberi di Napoli, il che, però, ci porterebbe via molto tempo, e poi sai che casino, le motoseghe, la segatura per le strade, le gru per il trasporto. Tra l'altro recentemente uno studio dell'università Parthenope ha stabilito che un albero in città, per il grande contributo che fornisce, ha un valore di un milione di euro, e allora no, non possiamo buttare al vento tutti questi soldi. L'unica alternativa possibile è che sia varata una legge ad hoc per Napoli, anche una semplice delibera comunale che d'ora in avanti estenda l'obbligo del casco ai pedoni. A quel punto potremmo passeggiare tutti più sereni, nei giardinetti per i bimbi o nella Villa comunale, senza il pericolo di rimetterci le penne, addirittura potremmo uscire nei giorni di pioggia privi di ombrello e, cosa da non sottovalutare, saremmo protetti anche dai numerosi calcinacci che a ogni burrasca iniziano anch'essi a cadere, come è avvenuto all'interno della Galleria Laziale.

Certo, dipende anche dall'albero, perché se ti cade in testa un faggio o una quercia secolare sono guai. E allora si potrebbero prevedere vari tipi di caschi a seconda dei tratti di strada: caschi integrali omologati per querce e grandi alberi e caschi aperti da indossare nelle vie meno alberate. Non è che sia poi così difficile da attuare, tanto siamo una delle città più cementificate d'Italia, pensate se una legge del genere dovessero farla a Mantova, lì sarebbero cavoli amari.

Certo, poi ci dovrebbe essere qualcuno che si prenda la briga di far rispettare le regole, che qui, come detto, ci mettono un po' a ingranare. Occorrerebbero posti di blocco e sanzioni che potrebbero prevedere, per esempio, per chi fosse beccato senza casco, il divieto per un mese di transitare in quella determinata zona, o il sequestro del casco, così da obbligare il trasgressore a restarsene a casa per un po'. Linea dura, si potrebbe dire. Sì, può darsi, ma non bisogna aspettare la prossima tragedia annunciata, ci si deve muovere per tempo, prima che arrivi un'altra bufera. È l'unica strada, sentite a me. A meno che a qualcuno non venga un'idea su come far transitare le tempeste alle spalle del Vesuvio. In quel caso non ci sarebbe bisogno di nessuna legge speciale e potremmo andarcene liberi e sorridenti per strada, con un refolo di sole a bagnarci la nuca.

Primma 'e murì vulesse

"Before I die I want to..." è un progetto della Fondazione Floriani per la cura dei malati inguaribili, una collezione di ritratti Polaroid di tutte le persone che, nel mondo, hanno risposto alla domanda: "Cosa vorresti fare prima di morire?".

In napoletano, come quasi sempre accade, il concetto risulta molto più poetico, perché l'"Io voglio" inglese si sbriciola in un più umano "Primma 'e murì vulesse...", e in quel "vorrei" è insita la profonda spiritualità del popolo napoletano, che sa che sognare non costa nulla, ma poi mica dipende sempre tutto da noi.

A ogni modo, chi non si è mai lasciato andare di fronte a una simile frase? Quante volte ci siamo posti questo interrogativo, da soli o con gli amici? Chi non ha mai compilato uno di quei famosi elenchi riempiendolo dei progetti più assurdi e folli, i desideri di una vita o di una sola notte, le passioni, le curiosità? Ognuno si porta dietro il proprio mucchietto di sogni da realizzare. Qualcuno li mette su carta per avere una guida, o forse solo per paura di dimenticarli, altri, invece, potrebbero anche non segnarseli, perché i sogni li hanno piantati nel corpo, in ogni singolo fascio di nervi, in ognuno di quelle centinaia di piccoli muscoli del viso che si aprono in un sorriso o si corrugano in un cruccio.

Alcuni sognatori fanno più casino di altri: si dimenano, tirano calci e sbagliano, e poi sbagliano ancora, finché trovano la strada giusta, ma a metà si accorgono che non era poi così giusta. Sono quelli che a ingoiare i desideri proprio non ci riescono, e allora vada come vada. E poi ci sono quelli che, invece, i sogni li ingurgitano senza fiatare, la sera con un po' d'acqua, come se fossero medicinali; quelli che "la vita è fatta di impegni e responsabilità" e "le passioni devono restare passioni", da coltivare semmai solo nel fine settimana. Quelli che, però, nonostante i loro trucchetti, comunque non ce la fanno a tenere giù la matassa di emozioni sopite che tenta di risalire l'esofago, e allora via con il Gaviscon e il Brioschi, a tenere duro per un'altra notte. Ma per entrambi, chi sbaglia e chi ingoia, arriva il giorno nel quale il famoso elenco ormai stropicciato sbuca fuori da un vecchio jeans.

Perciò qualche anno fa a Napoli sono stati in tanti a rispondere all'invito di annotare il proprio sogno su una lavagna esposta in piazza Trento e Trieste, perché nessuno smette mai veramente di sperare, neanche quelli che si fanno di Gaviscon. Solo che, si sa, di fronte a domande così importanti, di fronte a se stesso (quella lavagna è un po' uno specchio, no?), l'uomo si difende con una risata, sicura armatura protettiva di "leggerezza". Da sempre è l'ironia la carta vincente contro le mille domande senza risposta che ci piovono addosso, è l'ironia che ci permette di andare avanti nonostante la nostra intelligenza, la sensibilità. E noi napoletani ne sappiamo qualcosa, noi che abbiamo inventato un termine, "appocundria", per descrivere la malinconia che non sappiamo né da dove viene né perché, e che se ne sta lì a farci compagnia, e così dopo un po' pensiamo bene di farcela amica e proviamo a tenerla a bada con una battuta. E allora su quella lavagna ecco spuntare frasi sullo scudetto del Napoli, sul sesso, sui soldi, e chi più ne ha più ne metta.

La verità è che il percorso ognuno lo affronta come può e

come crede: con l'ironia, appunto, con una battuta, scalciando ogni giorno alla ricerca di se stessi e della felicità, rimuginando nel letto su una possibile rivincita, tentando di scovare la poesia e la bellezza che ci attornia nelle piccole cose. Ognuno ha il suo metodo, ognuno arriva fino in fondo come può. Ognuno ha diritto di riempire la lavagna con il sogno più grande del mondo o con quello più stupido. Non fa differenza. La differenza la fa combattere dignitosamente l'unica grande guerra rimasta alla nostra generazione, quella contro il tempo. E vale la pena metterci tutti noi stessi in questa atavica e impari lotta.

BELLEZZA & MISERIA

Lo sguardo pieno di Caravaggio

C'è qualcosa, nei quadri di Caravaggio, che ti fa scorgere il suo sguardo "assassino" sul mondo. Gli sfondi oscuri, i personaggi in primo piano illuminati da fasci di luce, corpi aggrovigliati e sporchi, carne contratta ed espressioni realistiche, spesso piene di dolore. È la vita che ritrovi nelle sue magnifiche opere, è l'uomo nella sua più brutale verità, denudato da inutili simbolismi e orpelli e raffigurato in tutta la sua fragilità di essere animale, un impasto di imperfezione e magnificenza, poesia e sudiciume. Eppure con quelle figure così crude il Merisi rappresentava i santi, la Madonna, i martiri, Gesù Cristo. Figure divine rese umane. O il contrario.

Nel 1606 e nel 1609, il geniale artista si stabilì a Napoli, nei Quartieri Spagnoli, e dipinse alcuni dei suoi quadri più famosi, fra cui il suggestivo *Sette opere di Misericordia*, conservato presso il Pio Monte della Misericordia, *La flagellazione di Cristo*, nel museo di Capodimonte, e la sua ultima opera, *Il martirio di sant'Orsola*, custodito presso il palazzo Zevallos. Tre quadri di uno dei più grandi pittori italiani sparsi per la città e a stento me lo ricordavo, altrimenti l'avrei detto ai tanti che spesso sono costretto a persuadere a visitare Napoli.

Nei miei giri per l'Italia incontro lettori che mi dicono di essere stati in città solo per un pomeriggio, una mattina, mezza giornata, il tempo di fare scalo per poi ripartire in direzione di Pompei, Ercolano, Sorrento, Ischia, Capri e così via. E allora, con santa pacienza, mi metto lì e spiego loro quello che si sono persi elencando le tantissime cose che ci sono da vedere nella nostra metropoli, a partire dal Cristo Velato, per esempio, ma Caravaggio l'avevo dimenticato. Avrei potuto parlare di come i suoi tormenti, il suo sguardo inquieto, rappresentino alla perfezione la città di Napoli, luogo nel quale da sempre sacro e profano camminano a braccetto, fede e scaramanzia si scambiano ammiccamenti, e bellezza e miseria si sorridono a un palmo di naso. Se mi fosse venuto in mente, avrei anche spiegato ai miei ascoltatori poco informati che Napoli ospita, nel museo di Capodimonte, la collezione Farnese, fra le più importanti al mondo, contenente le opere dei più grandi artisti rinascimentali, e che il museo del Tesoro di san Gennaro, situato accanto al Duomo, espone il tesoro accumulato nei secoli grazie alle donazioni dei privati e ritenuto da alcuni studiosi perfino più prezioso di quello della corona d'Inghilterra.

È che l'abbondanza, si sa, porta ad avere lo stomaco pieno. Sì, è sbagliato, e pure ridicolo, se si pensa agli altri paesi, che riescono a dare enorme risalto a quel poco che hanno in confronto a noi. Pompei è il terzo sito archeologico più visitato al mondo se non sbaglio, immaginate cosa sarebbero capaci di farci gli americani!

Spesso siamo così abituati a lamentarci, così presi dal recitare un copione già scritto, che neanche ci accorgiamo di tutto quello che abbiamo e che il resto del mondo sogna.

Per fortuna non tutti sono scordarelli come noi e i numeri ci dicono che alcune resistenze forse iniziano a sgretolarsi e la gente torna a visitare quella che per secoli è stata la più grande metropoli d'Europa, la città dalla cultura millenaria che ha masticato arte fin dalla sua nascita.

E che a volte si ritrova ancora con lo stomaco pieno.

A qualcuno interessa?

Una volta sono andato a parlare del mio romanzo in una scuola di Scampia (per il Premio Livia Dumontet, splendida e nobile iniziativa voluta da Dario Colicchio e i suoi figli). Mentre sfilavo sotto le Vele, ho sollevato lo sguardo e ho puntato gli occhi verso quei palazzoni grigi che si innalzavano al cielo pieni di finestre murate e mi sono tornate alla mente le carcasse di cemento che sempre più spesso vediamo nei filmati provenienti dalla Siria. Ed è proprio quella la sensazione che ti prende quando arrivi lì: ti sembra che la guerra sia a un passo da te, non più al di là dello schermo. Poi alcuni panni che ondeggiavano al vento hanno dissolto l'immagine nella mia mente e ho capito che no, non ci sarebbe stato nessun raid aereo.

Erano anni che non andavo a Scampia, sicuramente da molto tempo prima dell'avvento di *Gomorra*. Perciò, nel ritrovarmi davanti quei luoghi, mi è venuto spontaneo ripensare proprio alla serie che ha spopolato in televisione, e per un momento mi è sembrato di trovarmi sul set, comparsa inconsapevole di una scenografia costruita ad arte per le imminenti riprese. Un po' la stessa sensazione che ti prende quando passeggi per New York e a ogni angolo capisci di aver già visto quel posto, mentre ripercorri con la mente le immagini delle pellicole che ti sono care. Nella Grande Mela i primi volti ai quali ho pensato erano quelli in bianco e nero di Woody Allen e Diane Keaton, protagonisti del mitico *Manhattan*. A Scampia, purtroppo, non c'è stato nulla che mi abbia ricordato anche solo da lontano Woody Allen e il fascino della grande metropoli americana, nonostante mi trovassi anch'io in un film in bianco e nero. Guardando quei triangoli di cemento grigi che con il loro nome dovrebbero richiamare alla mente il mare e il vento, non ho sentito l'odore della salsedine trasportata dallo scirocco, ho invece pensato al volto di Don Pietro, con il suo sguardo perennemente incazzato, all'espressione cattiva di Ciro Di Marzio, all'arroganza di Donna Imma e alla faccia buffa e ignorante di Genny Savastano.

Poi ho parcheggiato e mi sono infilato nel liceo. E qui tutto è cambiato: corridoi puliti e ordinati, un leggero vocio di fondo e il dirigente scolastico che mi ha accolto con un bel sorriso e mi ha condotto in una grande aula piena di ragazzi, dove era presente uno schermo sul quale proiettare le immagini e una finestra luminosa alle mie spalle.

Mi sono seduto e ho iniziato a chiacchierare con gli studenti, e al termine dell'incontro alcuni di loro mi hanno confidato i sogni, le paure, e mi hanno spiegato la strada che vorrebbero percorrere. Erano tutti volti puliti, allegri, con gli occhi pieni di vita, come devono essere gli occhi dei giovani. In quell'aula non c'era nessuno che assomigliasse neppure lontanamente a Ciro Di Marzio, nemmeno uno che avesse nello sguardo la pochezza di Genny Savastano, l'insolenza di Donna Imma o la rabbia di Don Pietro. Eppure la finestra alle mie spalle sembrava uno di quei grandi televisori HD con lo schermo piatto nel quale stava andando in onda la famosa serie, perché le Vele che si spiegavano malconce a duecento metri quasi ti sembrava di toccarle.

Chissà quanti Genny e Ciro ci sono lì dentro, ho pensato. Io, per fortuna, non li ho incontrati. Ho conosciuto ragazzi "normali" che fanno parte di una città "normale", quella

Napoli che forse non interessa perché il "prodotto non vende". Neanche un futuro Don Pietro c'era in quella scuola, o una Donna Imma che verrà, solo studenti che il loro futuro ancora lo devono scrivere e possono sperare che diventi proprio come lo hanno sognato.

Esiste *Gomorra*. Ma di fronte esiste anche il liceo Elsa Morante.

E lì, nel bel mezzo del luogo che abbiamo istituito a metafora del male, io ho potuto parlare di libri e sogni con i ragazzi, che di sogni se ne intendono.

A qualcuno interessa?

Equilibrio, parola complessa

Equilibrio. Parola complessa. Apro il vocabolario e leggo: "In senso morale e spirituale, capacità individuale di padroneggiare i propri impulsi e istinti, di giudicare con obiettività e di comportarsi con equità e senso delle proporzioni".

In medio stat virtus. La "virtù sta nel mezzo" dicevano i latini. Anche qui, apro il vocabolario: "Frase talvolta ripetuta per affermare la necessità o la convenienza della moderazione, dell'equilibrio, o come invito a evitare gli eccessi".

Sì, ecco, proprio quello che manca a questa città e ai suoi abitanti: l'equilibrio, la moderazione, il saper giudicare senza eccessi, con obiettività e lucidità, senza farsi guidare dagli istinti.

Ora, io non sono propriamente una persona piena di equilibrio, credo che chiunque abbia un minimo di capacità di pensiero, soprattutto di sensibilità, non possa o, più probabilmente, non riesca con facilità a essere sempre e comunque equilibrato. Per essere equilibrato occorre essere distaccato, e per essere distaccato bisogna saper tenere a freno le emozioni. Io invece con le emozioni ci campo, quelle vissute e non vissute, e allora spesso mi risulta difficile bilanciare il mio peso sul lungo filo della vita. Ma alla fine chi se ne frega, l'importante è comunque procedere, tirare avanti, nonostante qualche tentennamento e un po' di barcollamenti, l'importante è restare in piedi.

Napoli è la città meno equilibrata del mondo, a Napoli non esistono le mezze misure, quante volte ce lo siamo detti, è una città fatta di eccessi, nero o bianco. Invece sapete qual è la novità? Che non è vero. Non è che a Napoli non esiste il grigio, è che non ce lo mostrano. Qualche anno fa sono stato ospite di una trasmissione televisiva proprio per parlare di Napoli, da cittadino e scrittore che la vive quotidianamente da quaranta e passa anni (ahimè). E la prima domanda che mi è stata posta è se avevo paura, perché, così è stato detto, la gente a Napoli è terrorizzata e ha timore persino di portare il cane giù. Equilibrio. *In medio stat virtus*, mi ripetevo in testa intanto che ascoltavo quelle parole. Quei giudizi.

Ai media piace il nero di Napoli, perché il nero fa audience. Perciò risposi che no, non ho paura, dissi quello che dico sempre in giro per l'Italia, che esiste una Napoli "normale" che non è raccontata perché non interessa raccontarla, una città fatta di gente "normale" che conduce "una vita normale", al di là di tutto. Ecco, questa Napoli continua a non attirare nessuno, nemmeno i napoletani, pronti a schierarsi da una parte o dall'altra, fra quelli che vedono sempre tutto nero o sempre tutto bianco.

Io sto nel mezzo. Io, io che nella vita barcollo e tiro avanti, io che spesso ritengo l'equilibrio così noioso, io ripeto a gran voce la locuzione dei latini: *in medio stat virtus*.

Esiste la Napoli di *Gomorra*, certo, chi potrebbe dire il contrario, chi ha il coraggio di affermare di non essersi mai imbattuto in personaggi come il Track o il Cardillo. Esiste quella Napoli, fatevene una ragione. Così come esiste la Napoli dei grandi monumenti e delle strade eleganti mostrata ne *I Bastardi di Pizzofalcone*, la serie tv boom di ascolti ispirata ai romanzi di Maurizio De Giovanni.

Ma mica è tutto: c'è la Napoli dei quartieri piccolo-borghesi, palazzoni di cemento armato costruiti in tutta fretta durante il boom economico degli anni sessanta, c'è la Napoli dei rioni popolari nei quali convivono diverse stratificazioni sociali (uno dei pochi casi in Europa), dove la gente perbene (la maggioranza) combatte ogni giorno per condurre una "vita normale" nonostante la criminalità che gli scorre accanto. C'è la Napoli dei baretti e quella universitaria del centro storico. Napoli è più città in una, e allora perché continuare a volerla fare apparire come una sola cosa? Perché identificarla solo con la camorra? O perché, al contrario, dire che va sempre tutto bene?

Io, nel mio piccolo, tento di difenderla dagli attacchi gratuiti, da quelli che dicono che a Napoli non si può camminare con il cane per strada e probabilmente qui neanche ci hanno messo mai piede. Però non ho gli occhi foderati di prosciutto e non sto qui a raccontare favole: Napoli è una metropoli complessa, piena di sfaccettature, la città dove è stata eretta la prima università statale e laica del mondo e il luogo dove a capodanno i balordi sparano fra i vicoli con le pistole per festeggiare chissà cosa.

È una città che si ama e si odia. È più città in una. Quante volte ce lo siamo detti.

Ecco, dicevamo bene.

Equilibrio. Parola complessa.

Le piccole grandi cose che amo di Napoli

Mi piace una Vespa scassata accostata a un muro sbuccia-to. Mi piacciono gli androni semioscuri dei palazzi nobiliari del centro e i negozi di antiquariato spersi nei vicoli, pieni di oggetti di un tempo appartenuto a chissà chi. Mi piace il cuoppo fritto che si vende dietro piazza Bellini. Mi piace il Vesuvio che ogni tanto svetta con la sua capuzzella fra i cornicioni dei fabbricati. Mi piacciono i muri recuperati alla vita grazie alla Street art e il giallo del tufo dei nostri castelli. Mi piace il pescatore sul molo che dà le spalle alla città e un capannello di anziani che discute del Napoli su una panchina. Mi piacciono i cani di tutti adottati dai quartieri, le scale di piperno dei palazzi antichi e il nero degli occhi e dei capelli delle nostre femmene. Mi piace lo scirocco che arriva ad annunciarci la stagione, il mare che dal Vomero sembra una tavolozza, la puzza di pesce che viene da un banco al mercato, e quella di fritto che arriva da una finestra aperta. Mi piace Maradona che si aggira ancora su ogni muro e nella bocca della gente, e le scritte degli innamorati che rompono il grigiore dei fabbricati. Mi piacciono le scalinate che scendono dalla collina e una ragazza che prende il sole sul muretto del lungomare. Mi piacciono gli sguardi assorti dei vecchi nella metropolitana e la cupola di una chiesa che sbuca fra i tetti. Mi piacciono i creaturi che rincorrono un Super Santos in uno spicchio di cemento libero, e il sole che taglia in due, come una diagonale, strade, palazzi e scale. Mi piace l'odore del mare che mi arriva sotto il naso alcune mattine. Mi piace una canzone di Pino Daniele che giunge da un piano basso e due ragazzi che si baciano davanti a tutti. Mi piace l'allegria che ritrovo sul volto di uno scugnizzo che porta il caffè in giro e l'odore di umidità di alcune chiese scavate nella roccia. Mi piace una donna che se ne sta affacciata al suo balconcino a veder scorrere la vita. Mi piace il caffè nella tazzina calda e Ischia che nei giorni sereni svetta in lontananza. Mi piace il centro storico traboccante di ragazzi che progettano la vita, le bancarelle di libri che nei giorni di pioggia si riparano con un telo di plastica e un bambino che lecca un gelato con indosso la maglia di Insigne. Mi piace la pasta e patate callosa delle tante osterie a conduzione familiare. Mi piacciono gli stormi che al tramonto disegnano le loro figure su piazza Garibaldi e piazza Municipio. Mi piace il ragazzo che canta accompagnandosi con la chitarra sotto una statua e il mare che nei giorni d'inverno spinge ostinato il Castel dell'Ovo. Mi piace il tufo che riscalda e l'odore di pizza presente in tutti gli ascensori di Napoli a una certa ora. Mi piace la moka. Mi piace attendere il sole che sorge tra il Vesuvio e il Faito e colora di albicocca l'intero golfo. Mi piace chi si getta nel mare di Posillipo in un giorno d'inverno e l'odore del pane caldo portato dalla brezza, che qui non si arresta mai. Mi piace la nave che esce dal porto e due ragazze che studiano accovacciate sui gradini di una parrocchia. Mi piace la nobiltà dei portoni scrostati e delle statue trasandate. Mi piacciono le pozzanghere fra i ciottoli che riverberano l'azzurro del cielo. Mi piace il fianco del Vesevo quando in primavera si colora del giallo delle ginestre e del rosso dei pomodorini del Piennolo. Mi piace il babà di Mary sotto la galleria Umberto e la fontana piena di tartarughe marine nella Floridiana. Mi piace la Certosa di San Martino che svetta da lassù e Nisida che vuole restare isola. Mi piace sentirmi a casa quando in lontananza scorgo quelle due gobbe che mi indicano la strada.

Mi piace guardare la città dal mare. Mi piace il suo rumore di tutti i giorni. Mi piace la sua euforia ingiustificata, l'ottimismo a oltranza, il sapersi scrollare i problemi di dosso con un'alzata di spalle, il non smettere mai di sperare e "aspettare la ciorta".

Mi piace la sua cultura del vivere.

La nostra cultura del vivere.

Ringraziamenti

Questo libro non esisterebbe se un giorno di qualche anno fa Conchita Sannino e Ottavio Ragone non mi avessero chiesto di collaborare con una rubrica fissa su "La Repubblica" di Napoli. A Conchita devo tra l'altro anche il nome "Granelli", che rispecchia perfettamente quello di cui ogni settimana mi occupo: le piccole cose quotidiane attraverso le quali tento di raccontare cose più grandi, una città dalle mille sfaccettature. Il mio primo grazie, pertanto, va a loro due.

Poi desidero ringraziare l'editore Feltrinelli, che non manca mai di mostrarmi il suo affetto, e ricordare l'immensa Inge Feltrinelli, che ho avuto la fortuna di incontrare due volte e che mi ha da subito trattato con grande simpatia e riguardo.

Voglio ringraziare, infine, chi ha ispirato alcuni dei granelli presenti nel libro: Gianni Amelio, che mi fece "viaggiare" fra la bellezza dei palazzi di Napoli, Gianluca e Imma, "quei due", Olga Pastore, che con una foto e un post su Facebook mi ha ispirato un granello al quale sono molto legato, Dario Colicchio, che con il suo Premio Livia Dumontet mi ha permesso di raccontare una verità poco raccontata, Cesare Annunziata, che mi ha prestato il suo gioco dei "mi piace", e per ultimo quella famiglia di Firenze che scortai al taxi. Grazie a loro ho capito che sì, viviamo con il "mariuolo in cuorpo", ma se può servire a renderci più ospitali e umani verso il prossimo, bene, sopporteremo con anche questo con la solita "pacienza".

Indice